Kindheit ist kein Kinderspiel

Interpretationshilfen zur Lukas-Reihe

Claudia J. Schulze

Neuste Version
Kontakt zur Autorin:
CJ.Schulze@gmx.de
Der kollegiale Austausch ist sehr erwünscht.
Auch gerne jedes sonstige Feedback und
Verbesserungsvorschläge.

Bärbel Schulze Stiftung für therapeutisches Schreiben und
Lesen
Wir unterstützen die Hospiz-Arbeit in Deutschland,
Österreich und der Schweiz

© Claudia J. Schulze, Bilder: Anke Hartmann, Bilder, außer
„Euklesophos" AnjaKlukas, „Wolken"Klára Sedlo
Herstellung und Verlag: BoD – Books on Demand, Norderstedt
Lektorat: Matthias Ziebarth, Frankfurt am Main
ISBN 9783755716884

Inhalt

Vorwort

Sämtliche Geschichten (meine Bücher zur „Lukas-Reihe" miteingeschlossen) sind mit einem *Lebens-Mosaik* zu vergleichen.

Dabei ist es (in meinen Augen gerade bei Kindern) wichtig, dass *sowohl das Vertraute* immer auch in *Wiederholungen* auftaucht, als auch, dass immer wieder *neue Details* in Erscheinung treten.

Ähnlich wie in einem Prozess des langsamen Kennenlernens einer Person, in der man immer wieder Neues über diese kennen lernt.

Zugleich enthält diese vierteilige Buchreihe *einige philosophische Rätsel*, die hierbei explizit zum Selberdenken anregen sollen.

Bisherige „Pfade" des Denkens, des Interpretierens sollen verlassen werden.

Mit einer so gearteten, radikalen Erweiterung des „Denkrahmens" verspreche ich mir eine grundsätzliche Erweiterung der Fähigkeit Konflikte ganz unterschiedlichster Art zu lösen. Einige dieser Geschichten widersprechen unseren Vorstellungen von Logik und Kausalität. Dies ist bewusst so geschehen und folgt bestimmten Überlegungen und wissenschaftlich fundierten, neuere Annahmen (Vgl. dazu die moderne Neurowissenschaft). Dies ist kein wissenschaftliches Buch, es erhebt auch nicht diesen Anspruch; dennoch basieren meine Aussagen durchaus auf einigen dieser Erkenntnisse, so dass sie über reine „Annahmen" hinausreichen.

Denn gerade diese Vermischung von Realität (wie wir sie kennen) und Traumsequenzen soll das gesamte kreative Lösungspotential eines Menschen entfalten.

<u>Bei Störungen aus dem schizophrenen Formenkreis ist dringend von einer bibliotherapeutischen Arbeit mit diesen Büchern abzusehen.</u>

Es eignet sich zwar, in psychoedukativer Form dazu dieses Krankheitsbild zu thematisieren: Jedoch sollte die Arbeit mit dieser Reihe sich dann auch darauf beschränken.

Bücher mit diversen und spezifischen Auskoppelungen wie beispielsweise „Ruby Blue", „Morgensterne" und „Die Reise nach Holland", „Lukas und die Geschichte der Schatten" enthalten jeweils einzelne Erweiterungen und spezifische Vertiefungen dieser Geschichten.

In jedem einzelnen dieser Bücher wird klar, dass die Protagonisten schwere Lasten zu tragen haben.

Im Gegenzug erscheinen Boten des „Leichten" in Form von Eulen und Raben.

Zugleich jedoch treten andere Tiere in Erscheinung. Tiere, die auf dem Boden leben, mit dem Wald und dem Leben darin tief verwurzelt.

Das Bild der Lüfte taucht also ebenso auf wie das Bild der Wurzeln. Beide Seinsweisen sollen hier, auf ihre jeweilige Art, Orientierung geben,

Bei der Sonderedition: „Lukas, und die Geschichte der Schatten" beziehe ich mich, neben der Aussage von Platon, ausdrücklich auf Viktor Emil Frankl und sein Zitat:

„Wer um ein Wozu weiß, der erträgt jedes Wie!"

Die Frage nach dem *„Warum"* wird nicht gestellt. Zwar beantworten manche Personen (wie zum, Beispiel, Agathe) diese Frage jeweils auf ihre persönliche Art, doch kann es nur dabei bleiben sich die einzelnen Sinnentwürfe anzusehen. Ob und wie sie der Einzelne dann auch für sich findet, das ist eine andere Frage. Sie kann, m.E. nicht allgemeingültig beantwortet werden. Dies gilt ebenso für die Frage nach dem „Wozu?". Diese ist grundsätzlich zwar auf die Zukunft gerichtet und schaut nicht in dieser Form zurück wie es die Frage nach dem „Warum?" notwendigerweise tut.

Trotzdem jedoch ist auch die Frage nach dem „Wozu?" immer eine individuelle. Sie hängt von der

Person und ihren jeweiligen Lebensumständen ab. Niemand darf einem anderen Menschen sein *„Warum?"* oder sein *„Wozu"* aufdrängen. Man kann Angebote machen, Modelle präsentieren.

Doch die letztliche Entscheidung, ob oder wie dies angenommen wird, verbleibt hierbei bei dem oder der Einzelnen.

Die Arbeit mit Variationen (Vergleiche dazu auch die Sondereditionen wie die bereits weiter oben genannten: „Ruby Blue", „Lukas und die Geschichte der Schatten", „Die Reise nach Holland", „Brunos Reise", „Morgensterne", „Impulsgeschichten") sind ebenfalls Teil der Arbeit in dieser Buch-Reihe.

Dies fördert m.E. das Divergente Denken, die Kreativität und die Konzentration. Von bestimmten Geschichten tauchen immer wieder vereinzelt logische Rätsel oder auch Variationen bestehender Geschichten auf.

Diese sind aber nicht so schwerwiegend, als dass sie den Sinn des an anderer Stelle Geschriebenen in Frage stellen könnten.

Vielmehr sind es überwiegend spielerische Ab-Wandlungen, Variationen, welche die Sicherheit des Vertrauten nicht in Frage stellen.

Das „Spiel mit der Realität" soll neue Möglichkeiten eröffnen, zeigen, wie das Verändern von Details eine positive oder spannende Rückwirkung auf die einzelne Geschichte – und in transferierter Form- auf das eigene Leben haben kann. Ebenso zeigt es, dass man „niemals in den gleichen Fluss" steigt, dass die genaue Wiederholung nicht möglich ist.

Gerade in dem Buch, in dem es um das Verarbeiten von Trauer geht, ist dieser Punkt m.E. ein ganz wesentlicher Aspekt.

Er lässt sich auch auf den Bereich der Kunsttherapie transferieren, auf „Bilder" in jeder möglichen Form.

Verständliche, tiefe Wünsche wie z.B. der, „den Verstorbenen doch noch einmal zu sehen", werden ersetzt durch konkrete, selbstbestimmte Taten.

Anstatt also bestimmten, verständlichen, doch letztlich völlig unrealisierbaren Wünschen hilflos ausgeliefert zu sein, kreieren die Protagonisten persönlich gangbare Wege, um sich ihre Wünsche zu erfüllen.

Kai „dehnt" die Zeit, wenn er an Maxime denkt. Er bestimmt für sich, dass es ebenso sehr zählt von ihr zu träumen wie sie zu sehen.

Somit „stillt" er seine Sehnsucht soweit, dass sie keine unerträgliche Sehnsucht, keine unerträgliche Trauer mehr werden kann. Denken wir hier an die Chinesische Philosophie, die sich mit dieser Auffassung in Einklang befandet (Lao-Tsi).

Mia läuft auf der Suche nach „Fuchs" durch den Wald. Sie tut etwas und sitzt nicht nur passiv zuhause. Es geht nicht um ein sinnloses Getrieben-Sein. Vielmehr macht sich Mia auf und arbeitet mit aller Kraft daran ihren Wunsch, Fuchs wieder zu finden, wahrmachen zu können.

Zwar sind ihre aktiven Versuche Fuchs zu finden nicht von Erfolg gekrönt, dennoch hat sie einen aktiven Part inne.

Auch ihre späteren Freundschaften zu Maxime und Matruschka wirken dem Verlust entgegen, den sie durch Fuchs erlitten hat.

Um wiederum der Trauer ihrer Freunde Kai und Lukas etwas entgegenzusetzen, erfindet Mia kleine Geschichten und beginnt zu erzählen. Dennoch stellt sie sich der Trauer- nur eben auf die „Mia"-Art.

Hier wird klar, dass es in den Büchern auch um andere Herausforderungen geht.

Die Trauer auf der einen, Tücken des Alltags auf der anderen Seite, dazwischen die Wege der Protagonisten, sich damit auseinanderzusetzen.

Mia selbst leidet zum Beispiel zwar massiv unter einer Lese-Rechtschreib-Schwäche, doch macht sie aus dieser Not eine doppelte Tugend: Zum einen erfindet sie ihre eigenen Geschichten, zum anderen setzt sie diese ein, um ihre Freunde ein wenig aufzuheitern, abzulenken oder in anderer Form zum Nachdenken zu bringen. Doch nicht nur das. Sie schenkt ihnen das Wertvollste, was ein Mensch einem anderen Menschen schenken kann: Zeit. Sie nimmt sich die Zeit für ihre Freunde, denkt sich Geschichten für sie aus, nimmt sich die Zeit ihnen diese zu erzählen. Allein schon dadurch bestärkt sie die Menschen, die ihren Weg kreuzen, darin wichtig und einzigartig zu sein.

Schulprobleme sind ein Teil dieses Buches. Lukas wird zunächst von Kai gemobbt; Regina wird sozial ausgegrenzt, nachdem sie etwas getan hat, für das sie von sämtlichen Kindern abgelehnt wird.

Reginas Versuche wieder Fuß zu fassen scheitern zunächst. Erst Mia eröffnet ihr die Chance wieder in die Gemeinschaft aufgenommen zu werden.

Lukas hat größeres Glück. Kai beendet das Mobbing nach einem Treffen mit Lukas, in dessen Verlauf Lukas Kai hilft. Mobbing soll nicht verharmlost werden. In den Büchern der Lukas-Reihe wird dieses Thema angesprochen, jedoch nur gestreift. Es kann als Ausgangspunkt für persönliche Vertiefungen innerhalb der Therapie gesehen werden. Einiges musste angedeutet bleiben, anderes blieb bewusst angedeutet, um nicht zu festlegend zu agieren. Es werden Erklärungsansätze geliefert bei denen aber nicht verblieben werden muss. Manches soll lediglich einen Impuls bieten, von dem aus Therapeuten und Therapeutinnen individuell ausgehen können. Themen wie: Scheidung, Eifersucht, Schulprobleme, Zwangserkrankungen, Ess-Störungen, sozialer Ausschluss, Angstzustände, depressive Verstimmungen, Trauer, PTBS kommen in diesen Büchern u.a. vor.

Auskoppelungen (siehe die hierzu bereits erwähnten Bücher) sind daher wichtig. Zum einen sorgen sie dafür, dass die 4-er Bücherreihe nicht „überfrachtet" wird.

Man erfährt andererseits beispielsweise aber auch wie es mit Regina weitergeht. Die Art und Weise, wie man es erfährt, ist hierbei m.E. ausschlaggebend und wurde aus diesem Grund genauso von mir entwickelt.

Ich möchte es anbei gerne am Beispiel von Regina erläutern.

Regina, von sozialem Ausschluss betroffen, wird in einem der Bücher von Mia wieder integriert („Impulsgeschichten"). Zugleich, in einem anderen Buch (Verwaiste Kinder, Verwaiste Eltern), erfährt man nähere Hintergründe, Reginas Familienleben betreffend.

Man lernt den Menschen, wie auch im wahren Leben, *über Umwege* kennen. Zum einen über das, was er selbst durch sich preisgibt, zum anderen über Dritte, und dann, im Wandel der Zeit, wieder über die Person selbst und andere.

Eigene Erfahrungen mit dieser Person kommen hinzu. Da man nicht alles auf einmal erfährt, bleibt Raum für Eigenes: Vorstellungen über die Person, welche sich bewahrheiten können oder nicht.

Liest man nicht alle Bücher, alle Auskoppelungen, so hat man evtl. nicht sämtliche Informationen.

(Über Regina erfährt man beispielsweise auch Neues in „Morgensterne" und „Die Reise nach Holland"). Liest man nun diese Bücher nicht, so fehlen einem die Informationen, wobei *„fehlen"* in diesem Kontext nicht ganz das beschreibt, worauf ich hinausmöchte.

Denn auch dieses Fehlen nähert sich dem "wahren Leben". Vieles bleibt, auch da, bruchstückhaft, un-vollkommen, und die Lücken werden von uns gefüllt. Wenn wir sie füllen jedoch, das hoffe ich, sollten wir uns der Tatsache eingedenk bleiben, dass es immer nur Fragmente sein können.

Dass es leichter ist jemanden wie Regina oder Kai zu verurteilen, wenn wir nicht alles von ihnen wissen, und zugleich sich der Tatsache bewusst bleiben, dass alles im Fluss ist oder aber ein Mosaik, von dem wir nur das Glück haben bestimmte Steinchen zu kennen.

Füllen wir den Rest nicht mit blinden Steinchen aus! Vielmehr lasst uns lieber sehen, dass nicht die Steinchen blind sind- sondern zuweilen wir selbst.
Nun zur Form der Bücher:
Teile der Sprache innerhalb der Lukas-Reihe verwenden eine komplexe Sprache, einen ganz ausdrücklich elaborierten Sprachcode. Dies soll der Sprachförderung dienen, und damit auch der Fähigkeit durchaus komplizierte, vielleicht sogar sich widersprechende Sachverhalte möglichst differenziert ausdrücken zu können. Somit soll das Gegenteil von dem erreicht werden, was Kinderärzte und Kinderärztinnen tagtäglich in ihren Praxen erleben, sobald sie Kinder behandeln, die über ein bestimmtes Entwicklungsstadium noch nicht hinausgekommen sind.
Auf die Frage was ihnen fehle, antworten diese in der Regel immer sinngemäß in einer Richtung, die (unspezifisch) „Bauchschmerzen" nahelegen.

Selbstverständlich ist von einem Kind noch nicht mehr zu erwarten.

Doch ist es von Vorteil, wenn mit steigendem Alter die Komplexität der individuellen Sprach- und Ausdrucksfähigkeit zunimmt. Etwas, was heute nicht mehr unbedingt gegeben ist.

Zahlreiche Kinder verfügen über einen Sprachschatz, der, auch im Jugendalter, *nicht über einen vereinfachten Grundschulwortschatz hinausgeht.* Dem soll in der Lukas-Reihe aktiv entgegengewirkt werden, wobei ich auf einen steten Wechsel von komplizierten mit einfacheren Sätzen Wert gelegt habe. Die Förderung von Kognition und Emotion verläuft m.E. am besten „Hand in Hand", so dass eine einseitige Betonung der kurzen, „emotionalen" Sätze ebenso unsinnig wäre wie die Überbetonung „intellektuell" strukturierter Satzgebilde.

Ich habe mich für einen mehrfach praxiserprobten Wechsel zwischen diesen beiden Möglichkeiten entschieden.

Sprachförderung, Förderung von Konzentration und Ausdrucksfähigkeit, das Eingehen auf emotionale Impulse, das Ermöglichen von Modell-Lernen und der Verzicht von moralischen Vorgaben sollen dabei helfen beim Kind die Selbstwirksamkeit, ebenso wie das Proaktive Coping zu fördern.

Es soll das Entdecken eines persönlichen Sinnes ermöglichen, ohne einen solchen durch „moralisch" irgendwie gerechtfertigte Vorgaben aufoktroyieren zu wollen. Dem Kind soll immer die Möglichkeit gelassen werden sich für – oder gegen etwas zu entscheiden. Die Vielzahl der möglichen Identifikationsfiguren soll ihren Teil dazu beitragen.

Es gibt nicht nur „eine" Art zu trauern, nicht nur „eine" Möglichkeit und vor allem keine „gute" oder „schlechte" Möglichkeit. Das hilflose, monatelange und verzweifelte Weinen von Lukas´ Mutter steht sozusagen „gleichberechtigt" neben dem Sohn und Lukas´ zahlreichen, ideenreichen Versuchen der Welt auf seine Art wieder habhaft zu werden. Ebenso muss Lukas akzeptieren, dass sich seine Mutter nach einiger Zeit einen neuen Partner sucht. Jeder lebt und erlebt seine Trauer anders, und die individuelle Zeit – mit Rückschlägen verbunden – muss immer am Einzelnen gemessen werden, nicht aber einer von außen gesetzten, strikten „Vorgabe" folgen. Welche Ziele verwirklicht werden, ob oder wann, bleibt am Ende die Sache des Einzelnen. Natürlich im Sinn einer pädagogischen oder therapeutischen Intervention gibt es ganz bestimmte, spezifisch formulierte Ziele. Das wurde ja bereits mehrfach erwähnt. Dennoch soll dies nicht mit einem „moralischen Zeigefinger" geschehen. Eben dieses zu vermeiden war mir beim Verfassen der gesamten Lukas-Reihe ein besonderes Anliegen. Für keine der Figuren in dieser Reihe ist Kindheit so etwas wie ein „Kinderspiel". Dennoch macht jeder / jede auf seine / ihre Art die Kindheit zu etwas Besonderem.

Zu etwas dem durchaus gerade die magischen Momente jener Zeit – zumindest gelegentlich – innewohnen. Die Bände enthalten eine Vielzahl von (erzählten) Ressourcen – in unterschiedlichster Form. Wann, welche und in welchem Rahmen sie aufgegriffen und übernommen werden, hängt (naturgemäß) immer von dem / der Einzelnen ab.

I Bibliotherapie

„Bibliotherapie" bezeichnet die Therapieform, die sich aufs Lesen stützt. Der Wortteil „Biblio" bezieht sich hier nicht etwa auf die Bibel, sondern aufs griechische „biblos", „das Buch". (Wobei die Bibel wiederum eben auch: „Das Buch" heißt). Aber an dieser Stelle soll nicht von einem einzigen Buch die Rede sein, sondern von vielen. Auch von denen, die, möglicherweise angeregt durch die Lektüre dieses Buches, noch entstehen werden!

Schreiben und lesen mit dem erklärten Ziel der Selbsterkenntnis und Selbstheilung gibt es bereits seit langer Zeit; allerspätestens jedoch seit der Entstehung der Hochkulturen. Was ist nun das Besondere an dieser Methode? Die Arbeit mit Medien (z.B. Literatur, Kunst, Musik), welche den direkten Gefühlsbereich ansprechen, verspricht nun primäres statt sekundäres Lernen. Im Lesen von Literatur kann der Klient sich zum Bsp. mit Figuren identifizieren und sich von ihnen abgrenzen, kann am Modell lernen wie andere es gemacht haben und findet etwa in der Lyrik oder im fremden Ausdruck Worte, wo er selbst sprachlos ist (Dies gilt im positiven wie durchaus auch im negativen Sinn).

Die Poesie- und / oder die Bibliotherapie basiert dabei im Wesentlichen auf der Überzeugung der machtvollen Heilkraft der Sprache, sowohl aktiv als auch „passiv" genutzt.

Es gibt mittlerweile außerordentlich viele, häufig sehr unterschiedliche Richtungen beziehungsweise zahlreiche Auslegungen und diverse Strömungen.
Der von mir hier persönlich bevorzugte Ansatz hat seine Wurzeln vor allem in der Humanistischen Psychologie und in der Humanistischen Pädagogik.

Es gibt aber auch z.B. konstruktivistische Ansätze, tiefenpsychologisch orientierte Ansätze und viele mehr. Ich verstehe diese nicht als Konkurrenten; vielmehr verstehe ich sie als weitere zum Teil in der Tat äußerst hilfreiche Ansätze!

Dieses vorliegende Buch hier soll als eine Art in sich erweiterbare, doch durchaus auch als in sich zusammenhängende, kohärente Journal-Arbeits-Notiz-Informations- und Materialsammlung dienen. An bestimmten Stellen habe ich daher Freiräume eingebaut, in denen somit auch schriftlich über bestimmte, ausgesuchte Themen reflektiert werden kann. Dies sind jedoch selbstverständlich immer jeweils nur Vorschläge. Ihnen stehen selbstverständlich sehr viel mehr Möglichkeiten offen.

Ihren eigenen Ideen und Erfahrungen, Ihren jeweiligen ganz individuellen Verknüpfungen, Ihren ganz persönlichen Assoziationen und Ihren eigenen Interpretationsmöglichkeiten sind hier absolut keinerlei Grenzen gesetzt.

Die einzelnen Kapitel haben dabei jeweils ganz bestimmte, spezifische Schwerpunkte, wobei sich die Geschichten nicht auf diese reduzieren lassen, und zugleich sicherlich auch nicht alle Aspekte zugleich erfassen können. Es sind lediglich Anregungen, wobei die Geschichten sich aufeinander beziehen, und es hierzu, bei Interesse, noch weitere Literatur gibt.

Hierbei handelt es sich um die weiter hinten aufgeführten Bücher, verfasst von mir mit vielen Illustrationen der beliebten Leipziger Künstlerin Anke Hartmann und dem international wirkenden, renommierten Schattenbild-Künstler, Künstler und Pädagogen Wilhelm Schneider.

Das Buch von Anke Hartmann („Die letzte Reise") bietet eine weitere Ergänzung zum Thema: „Tod", die ich an dieser Stelle empfehlen möchte.

In so gut wie all meinen eigenen Therapie-Büchern: „Nachtflüge- Geschichten zwischen den Welten", „Rabenfedern bringen Glück", sowie auch „Nebelträume", „Korax und das Geheimnis der Kürbisse" und der Sonderedition:

„Lukas und die Geschichte der Schatten", wird das Thema Tod, Verlust und Angst immer wieder angesprochen. Es werden dabei gleichzeitig jeweils bestimmte Ressourcen, gerade die Verarbeitung betreffend, aufgezeigt, die aber dabei, das ist selbstverständlich, auch für die Klienten immer nur ein Angebot sein können. Manchem greifen sie zu tief, oder eben gerade zu wenig tief. Sie sind ein

Angebot, eine Möglichkeit, ein Muster, von dem ausgehend die eigene Geschichte erzählt werden kann.

Es sollen die Klienten hierbei dennoch angeregt werden, sich mit ihren eigenen, ganz individuellen aktuellen Möglichkeiten auseinanderzusetzen, die dazu dienen sollen, ganz persönliche Ressourcen zu entwickeln und auszubauen, um den genannten Themen nicht gänzlich hilflos und unvorbereitet gegenüberzustehen.

Auch das natürlich ein frommer Wunsch, denn wie oft bricht das Schicksal gerade in diesen Momenten mit einer Erschütterung über den Menschen herein die alles in Frage stellen kann, alles negieren kann.

Die Wucht, mit der ein Todesfall über eine Familie kommen kann stellt vieles in den Schatten was wir uns nur vorstellen können. Die Umwelt, häufig überfordert, zieht sich zurück, so dass die traumatisierten Personen häufig genug gänzlich auf sich selbst zurückgeworfen sind. Freunde, oft sogar Familienangehörige wenden sich ab.

Es sprengt die Grenzen unserer Vorstellungskraft und wirft uns auf die nackte Existenz zurück, auf Verzweiflung, Leid und unendlichen Kummer.

Ich habe dies in meinen Büchern bereits dargestellt.
Der Tod bricht auf verschiedensten Wegen in das Leben der Protagonisten ein.
Auch durch „kleine" Tode, oder auch durch den Tod eines Haustieres. Was man den jeweils betroffenen Klienten jeweils zumuten kann, muss individuell ermessen werden. Hier findet sich eine große Sammlung unterschiedlichster Abstufungen:
Hin von den alltäglichen Verlusten bis hin zu tragischen Einschnitten, dem Verlust eines Kindes, eines Elternteils, eines Geschwisterkindes. Die Geschichten sind entweder aus einer Retrospektive gehalten, um so eine zeitliche Distanzierung zu ermöglichen, dann wieder sind sie ganz neu, verstörend in der Art wie sie das bisherige Leben aus den Angeln heben.
Diese zusätzlich von mir genannten Bücher sind nicht, so wie das hier vorliegende kleine Buch, mit Impulsfragen versehen.

Jedoch können Sie diese Impulse selbstverständlich für sich selbst und für Ihre Klienten entwickeln.

Selbstverständlich ist es wichtig (s.o.) bereits im Vorfeld durchdacht zu entscheiden welche der Geschichten den einzelnen Kindern jeweils „zugemutet" werden können. Dies hängt auch vom

Stand der Therapie ab, vom Kind selbst etc. Einem ohnehin aktuell ganz besonders traumatisierten oder ängstlichen Kind, das unter sehr starken Verlustängsten leidet sollte eher eine gewissermaßen „unbefangenere" Geschichte präsentiert werden, in der beispielsweise lediglich Tiere o.ä. als Symbolfiguren vorkommen (Kais Hase) und in der nicht der konkrete Verlust sehr realer Menschen (Schwester, Vater, Freund) im Mittelpunkt steht.

Gerade die Kinder die einen solchen realen Verlust bereits erlebt haben gehen häufig anders mit solchen Geschichten um als Kinder, bei denen sich der Verlust überwiegend in der Phantasie abspielt, wobei das zweitgenannte Phänomen durchaus ebenfalls äußerst quälend für die betroffenen Kinder ist / sein kann, so dass es niemals unterzubewerten ist.
Hier kommt es auf die professionelle Erfahrung, auf die Sensibilität und auf das Fingerspitzengefühl des Therapeuten / der jeweiligen Therapeutin an.

Die sehr gründliche Auseinandersetzung mit den hier nachfolgenden Geschichten durch Fragen kann, auch für Therapeutinnen und Therapeuten, ein solches Gefühl stärken. Natürlich gehe ich davon aus, dass dies im Wesentlichen bereits vorhanden ist. Doch wenn es nur eine kleine Hilfe darzustellen vermag, ist das für mich viel.

Dies soll zugleich auch das Ziel dieser Sammlung sein – sei es für den Leiter / bzw. die Leiterin oder eben das betroffene Kind, die betroffene Familie.
Im Gegensatz zu meinen Büchern zur Bibliotherapie für Erwachsene habe ich hier bewusst weniger strukturiert.

Zum einen ist dies natürlich der einfachen Tatsache geschuldet, dass Kinder noch (weitaus mehr als Erwachsene) im Werden begriffen sind, so dass mir Klassifikationen daher hier noch weitaus weniger angebracht zu sein erscheinen als dies beispielsweise im konkreten Zusammenhang mit der bibliotherapeutischen Arbeit, welche sich eher im Kontext der Therapie Erwachsener befindet, eher der Fall ist. Bei all meinen Arbeitsbüchern zum Thema Bibliotherapie mit Erwachsenen erschien bisher der, (die) Schwerpunkt(e) Angst / Depression / Suizid und Sucht. Im Anhang habe ich auf drei von mir verfasste Bücher verwiesen, welche – bei Bedarf – zusätzlich zu therapeutischen Zwecken additiv herangezogen werden können.

Sie haben sich bisher in der Praxis ausnahmslos sehr gut bewährt.

Andere Bücher, z.B. mit Textsammlungen bekannter Schriftsteller, sind selbstverständlich ebenfalls möglich. Wesentliche Inhalte decken sich mit dem vorliegenden Band, jedoch sind es dort durchgängige, abgeschlossene, gedanklich und inhaltlich aufeinander aufbauende Geschichten – jeweils in vier, zeitlich und auch inhaltlich aufeinander aufbauenden Bänden, welche durch zusätzliches Material noch angereichert sind.

Als behandelnder Therapeut / Therapeutin haben Sie natürlich immer/ jederzeit die Möglichkeit, alle Geschichten zu modifizieren, für das jeweilige Kind oder für den jeweiligen Erwachsenen „anzupassen" (z.B. was Aussehen, Alter, die jeweilige Familiensituation und Geschlecht betrifft).

Hier können sowohl Distanz als auch Nähe vermittelt werden, je nachdem, was die jeweilige Situation erfordert. Hauptziel soll es sein, dem betroffenen Kind, dem betroffenen Erwachsenen den größtmöglichen Raum zu bieten, von dem aus es genug Vertrauen aufbringen kann, um sich mit dem Gefühl von Sicherheit anzuvertrauen. Daher erfordert dies, wie jede therapeutische Situation, ein ganz besonderes Fingerspitzengefühl und eine ausgeprägte Achtung im Umgang mit dem Klienten. Die Wirkungsweise bibliotherapeutischer Arbeit ist in ihrer effektiven Wirksamkeit schon seit langem durch zahlreiche Studien eindrucksvoll belegt, deren Lektüre ich ausdrücklich empfehle. In der vorliegenden Buchreihe soll es jedoch gleich um die mögliche und konkrete Anwendung anhand hier eigens entwickelter therapeutischer Geschichten gehen.* So geht es in ihr wesentlich um diverse Anpassungsstörungen nach einem Todesfall, einem Krankheitsfall etc. in der Familie, um den Aufbau hilfreicher kognitiver Konstrukte, um den Aufbau von Vertrauen und um die zunehmende Entwicklung von Akzeptanz und Einsichten in Gesetzmäßigkeiten des Lebens.

(Das Stichwort ist hier die Selbsttranszendenz). Die in den zusätzlichen Büchern erzählten Geschichten können dabei unabhängig von den anderen „Lukas-Büchern" gelesen werden (siehe hinten), wobei diese Bücher selbstverständlich eine gute und sinnvolle Ergänzung bieten können.

Die nachfolgenden Geschichten werden abgerundet durch spezifische Impulsfragen, so dass meines Erachtens hierdurch ein nachhaltig wirksamer, fruchtbarer kommunikativer Austausch stattfinden kann. Zudem empfiehlt es sich, meiner Erfahrung nach, gezielt mit bewährten Entspannungsverfahren zu arbeiten, insbesondere, wenn sehr belastende Themen auftauchen. Ein Beispiel ist die seelische Erkrankung von Kais Mutter.

Hier drohte ein Todesfall, der jedoch gerade noch abgewandt werden konnte.
Dennoch sind beim Protagonisten tiefe Ängste und Verwundungen zu erkennen, da es sich um eine geplante Selbsttötung seiner Mutter handelte. Es sollte daher äußerst vorsichtig, ressourcen- und entspannungsorientiert vorgegangen werden. In den Texten selbst finden sich hierauf bereits einige Hinweise; selbstverständlich ist dies ausbaubar.

Maßnahmen, welche therapeutisch bei der Behandlung Posttraumatischer Belastungsstörungen eingesetzt werden, können hier ebenfalls gut kombiniert werden. Darauf werde ich weiter hinten noch mehrfach zurückkommen.
Dies, wie auch der konkrete Einsatz und das Ausmaß des Einsatzes, ist der Vorbildung und der Erfahrung des Behandlers / der Behandlerin überlassen. Besonders empfehle ich hierzu das „Handbuch Entspannungsverfahren von Vaitl / Petermann)", Beltz Verlag, Psychologie Verlags Union.

Die hier aufgeführten Geschichten sind Auszüge und Weiterführungen aus den hinten angegebenen Büchern. In allen werden Inhalte aus dem ICD-10 in literarischer Form behandelt. Als Einstieg könnte sich das Buch „Ruby Blue" eignen. Dieses ist eine in einigen Bereichen „entschärfte" Version des Buches „Nachtflüge". Es dreht sich, ebenso wie in Band 2 mit dem Titel „Rabenfedern bringen Glück", um den vorsichtigen Umgang mit aufbrechenden Emotionen, um den Aufbau von Selbstwirksamkeit und um die positive Nutzung eigener Ressourcen, wie zum Beispiel um den Aufbau tragender sozialer Beziehungen.

Zunächst jedoch zu den technischen Grundlagen der Bibliotherapie. Es geht um den Verlust, aber auch um das Wiederfinden von etwas Anderen. Es sind zum einen Fragen für Kinder als auch, zum anderen, Fragen für Erwachsene vertreten.

Zum Teil gibt es auch Überschneidungen, die „Kinder-Fragen" können dabei durchaus von Erwachsenen beantwortet werden. Da viele Konflikte im Erwachsenenalter zum Teil auch auf Konflikten in der vergangenheit basieren, kann dies sehr von Nutzen sein. Vieles ist in Symbolen angesprochen, einiges auch konkret. Alles in allem kann dieses Arbeitsbuch sicherlich nur einen von vielen möglichen Beiträgen leisten. Doch wenn es auch nur im Ansatz hilfreich sei kann, so wäre das für mich von außerordentlich großer Bedeutung. Hinsichtlich meiner Möglichkeiten vermag ich mich dem Optimismus von Franz Kafka nicht uneingeschränkt anzuschließen. Ein Wegweiser bleibt er dennoch.

Bitte alle Kapitel zunächst selbst lesen um zu beurteilen, was Ihrer Ansicht nach dem jeweiligen Kind im Einzelfall zuzumuten ist. Es werden auch sehr belastende Themen angesprochen, so wie psychische Erkrankungen von Elternteilen, Geschwistern oder Freunden, schwere körperliche Erkrankungen und der enorm schwierige Verlust von Familienangehörigen.

Wie ich ja bereits erwähnt habe, kommt es auf den Einzelfall an. In manchen Fällen kann es einem Kind, das z.B. ähnliche Lebenserfahrungen gemacht hat, die Türe öffnen und es ermutigen sich selbst zu öffnen und über diese Dinge zu sprechen.

Bei anderen Kindern wiederum kann es Ängste verstärken, insbesondere dann, wenn es sich um psychisch labile / traumatisierte / vorbelastete / vorerkrankte Kinder handelt. Zwar werden Kinder heute über die Medien bereits an alle diese Themen herangeführt.

In Kinderbüchern wie „Harry Potter" oder auch beispielsweise in antiken Geschichten oder recht unterschiedlichen Märchen werden z.B. zahlreiche existentielle Themen zum Teil sehr drastisch dargestellt, von den Bildmedien ganz zu schweigen. Dies soll jedoch keine einseitige Kritik an diesen Büchern und Medien sein. Vielmehr ist m.E. der Umgang mit ihnen entscheidend.

Hier kommt es, wie bereits erwähnt, auf die Erfahrung und auf das Fingerspitzengefühl des Therapeuten / der Therapeutin an. Die gründliche Auseinandersetzung mit den nachfolgenden Geschichten kann, auch für Therapeutinnen und Therapeuten, ein solches Gefühl stärken. Dies soll zugleich auch das Ziel dieser Sammlung sein – sei es für den Leiter / die Leiterin oder eben das betroffene Kind, die betroffene Familie (s.o.).

Der Umgang und die Unterstützung durch Erwachsene bei der jeweiligen Verarbeitung des Gelesenen oder des Gesehenen begleitet werden kann. So liegt es daher heute zunehmend und zusätzlich in der Hand von Erwachsenen Kinder mit diesen Themen nicht allein zu lassen, sondern ihnen im Gespräch oder in sonstiger Form ein Angebot zu machen, eine Hilfestellung zur Verarbeitung zu geben.

In besonderem Maß gilt dies gerade auch für den therapeutischen Kontext.

Das thematisch an unterschiedlichen Stellen immer wieder auftauchende Bild des Waldes dient hier als Ressource für den / die Protagonisten. Alternativ wird die See genannt. Natürlich ist auch das nur eine Anregung. Wie jeder Mensch sich aber vom anderen grundsätzlich unterscheidet so wird auch das, was er als Ressource erlebt zutiefst individuell sein. Das Gleiche gilt für den Sinn, den jeder für sich selbst entwickeln muss. Darauf möchte ich mich auf / mit dem Psychotherapeuten und Begründer der Logotherapie, Viktor E. Frankl beziehen. Seine Aussage, wonach jeder Sinn *ad situationem et ad personam* sei, zeigt meines Erachtens sehr deutlich, dass wir niemandem unsere Überzeugung, unseren Sinn „überstülpen" dürfen (siehe oben). Daher sind all die hier genannten Sinn-Entwürfe ebenfalls als Vorlagen, als potentielle Möglichkeiten gesehen. Diese sollen vor allem dazu dienen, die potentiell gangbaren Spielräume und die daran geknüpften jeweiligen persönlichen Handlungsmöglichkeiten, die subjektiven Interpretationsansätze und ganz konkreten Sinnentwürfe des Einzelnen, der Einzelnen deutlich zu vergrößern, zu erweitern, im Austausch zu ermöglichen. Im Anschluss sind Möglichkeiten für kurze Notizen gegeben, auf die man immer wieder zurückgreifen kann. Die Fragen zu den einzelnen Kapiteln sind hinten aufgelistet. Wichtig ist es m.E., dass ein geschützter Raum geschaffen wird.

Ein Raum des Verständnisses und ein Raum, in dem auch massiv aufbrechende Emotionen „ertragen" und getragen werden können. Diese Emotionen können natürlich befremdlich wirken, mehr noch: beängstigend, überfordernd.

Auch das gehört zu unserem Mensch-Sein dazu und macht es vielleicht am Ende erst zu dem, was es ist: Ein Menschen-Leben. Mia thematisiert dies nach dem Tod ihres Großvaters Gustav. Sie beklagt, dass sich Menschen bei Trauerfällen zurückzögen so als hätten sie Angst sich anzustecken. In symbolischer Form erscheint hier der Rabe Kieran, der sich besonders in dieser für Mia so schwierigen Zeit ganz exklusiv um sie kümmert. Dennoch werden auch die Tiere nicht idealisiert. Kieran hat eine Vorgeschichte - Lukas betreffend, und auch Mias Katze „Fuchs" verhielt sich nicht so wie Mia sich das gewünscht hätte. Toleranz wird auf allen Seiten gefordert. Ich möchte hier mit Franz Kafka schließen: *„Wenn Du vor mir stehst und mich ansiehst, was weißt Du von den Schmerzen, die in* *mir sind und was weiß ich von den Deinen. Und wenn ich mich vor Dir niederwerfen würde und weinen und erzählen, was wüsstest Du von mir mehr als von der Hölle, wenn Dir jemand erzählt, sie ist heiß und fürchterlich. Schon darum sollten wir Menschen voreinander so ehrfürchtig, so nachdenklich, so liebend stehn wie vor dem Eingang zur Hölle."* Franz Kafka (Werk: Brief an Oskar Pollak)

Die Lukas-Reihe

In der Lukas-Reihe geht es um Schicksalsschläge, um das Verarbeiten von Schicksalsschlägen und um Menschen, die gerade hierdurch verbunden sind. Im I Ging, dem chinesischen Weisheitsbuch, wird davon ausgegangen, dass sich jenes findet, was im Innersten miteinander verwandt ist. Ob allein ähnliche Lebenserfahrungen eine solche Nähe, „Verwandtschaft", zu erzeugen in der Lage ist, sei erst einmal dahingestellt. In jedem Fall, das ist zumindest meine Erfahrung und Überzeugung, erweitert sie den Blick. Das wird jeweils auf unterschiedliche Art in allen 4 Bänden der „Lukas-Reihe" (und auch in den dazugehörenden Sonder-Editionen) deutlich. Zunächst mag der Blick noch verengt sein, von der Trauer geleitet, doch beinhaltet er das Potential sich zu weiten, bisherige Denkrahmen zu sprengen und in der Erweiterung des Blickes einen gewissen Trost zu finden. Mit Absicht schränke ich den Trost mit dem Adjektiv ein, da es meiner Meinung nach keinen vollständigen, abschließenden Trost geben kann. Möglicherweise in vereinzelten Situationen und auch bei einzelnen Menschen, durchaus, jedoch nicht in einer generalisierbaren Form. Zu massiv sind einfach die Einschnitte beim Tod eines Kindes, bei gewaltsamem Tod, bei Mord, Suizid etc. Selbstverständlich kann es immer Ausnahmen geben, und ich will damit nicht ausdrücken, dass ein Tod weniger „schlimm" oder „verkraftbarer" sei als ein anderer. Jedoch möchte ich mit der Vorstellung brechen, dass viele dieser Tode von den Angehörigen jemals in einem Sinn verarbeitet werden können wie es von unserer heutigen, schnelllebigen Gesellschaft implizit oder explizit erwartet wird. Und doch wird es wohl auch in dieser Trauer ab und zu wieder Hoffnung geben, inneren Frieden, Zuversicht und Unbeschwertheit – sei diese auch selten und temporär begrenzt, so verweist sie doch zurück auf das Leben, auf die Hinwendung zu dem, was noch geblieben ist in der Hoffnung diesem noch etwas abzuringen, abzutrotzen. Ich beziehe mich hierbei auf die Terminologie Viktor Emil Frankls mit seiner „Trotzmacht des Geistes". Dieses „Trotzen" muss kein verkrampfter, verbissener und freudloser Kampf sein. Vielmehr verweist er auf die dem Menschen innewohnenden Ressourcen und die individuelle Auseinandersetzung mit Trauer, mit Verlust und den sich daran anschließenden Emotionen. Dies ist die Basis für die 4-bändige Lukas-Reihe. Eine engmaschige bibliotherapeutische, begleitete und begleitende, Arbeit ist bei allen Lukas- Bänden (samt seinen Auskoppelungen und Erweiterungen) wünschenswert und in der Praxis mehrfach erfolgreich bibliotherapeutisch erprobt. Auch die Sondereditionen sind hiervon nicht ausgenommen. Starten wir aber chronologisch; mit Band 1. Zunächst beginnt alles sehr direkt:

Band 1 - Nachtflüge:

Lukas hat seine ältere Schwester Katha und seinen Vater bei einem Autounfall verloren. Zurück bleiben er, die depressiv gewordene Mutter, die Großmutter (ebenfalls recht hilflos, doch bemüht). Lukas hat keine Freunde. Seine große Angst vor Menschen ist stark ausgeprägt. Es ist nicht ganz klar, ob diese Angst bereits vor dem Unfall Teil von ihm ist / war. So wird er als besonders sensibel beschrieben- oder aber ob sie erst im Rahmen der Auseinandersetzung mit dem Trauma des Verlustes erschien. Möglich ist auch, dass die Angst und Unsicherheit bereits vor dem Unfall da waren, durch diesen dann jedoch zusätzlich gesteigert und verstärkt wurden. Lukas verfügt über mehrere, ganz offensichtliche Ressourcen, Gaben und Fertigkeiten, welche ihm dabei helfen seine sozialen Ängste zu überwinden und das Vertrauen in sich selbst wieder herzustellen. Auf den ersten Blick hat dies noch nichts mit seiner Trauerarbeit zu tun, doch es erfordert vor allem den Mut, den er gerade erst im Begriff ist zu entwickeln. Seine größte Angst- noch größer als die Angst vor anderen Menschen- ist es nämlich ans Grab seiner Schwester und seines Vaters zu gehen. Diese Angst wird sich, das sei hier vorgreifend erwähnt, durch die nächsten Bände. Eine „schnelle" Lösung ist nicht in Sicht.

Der Besuch dieser letzten Ruhestätten würde – das ist seine Angst- den Tod der beiden erst bestätigen, zementieren. Noch leugnet ein Teil von ihm, dass all dies geschehen ist, dass er, der seiner Familie so bedarf, in der Situation ist nun ohne diese auskommen zu müssen. Er beginnt damit Bindungen zu Tieren aufzubauen, denen er Futter gibt, und denen er hilft, wenn sie verletzt sind. Zum einen hilft ihm das bei dem, was man in der Fachsprache die „Verbesserung des Proaktiven Copings" nennt, sowie bei der Steigerung der eigenen Selbstwirksamkeit. Zum anderen hilft ihm das Vertrauen der Tiere in ihn dabei, selbst wieder etwas wie Vertrauen aufzubauen. Hierbei „zieht" er seine Mutter unweigerlich mit. Indem es Lukas langsam, Stück für Stück, wieder bessergeht, verändert sich auch ihre eigene Befindlichkeit. Das Starre, Leblose, Depressive fällt zunehmend von ihm ab. Sie wird in die Pflege von Lukas´ Schützlingen miteinbezogen, und in ihrer Anteilnahme an seinem Leben erfährt sie ihre eigene Lebendigkeit wieder stärker. Eine weitere Eigenschaft von Lukas ist u.a. seine Freundlichkeit und Hilfsbereitschaft. Mit dieser und gemeinsam mit seiner Kompetenz in Bezug auf den Umgang mit Tieren gelingt es ihm einen echten Freund zu finden. Kai. Inmitten dieses rasant zunehmenden „Aufschwungs" für Lukas brechen die Rückschläge in sein Leben, so wie sie- in der ein oder anderen Form- in das Leben fast aller Menschen einbrechen. Zunächst trifft er eines Morgens auf einen Vogel, dem er nur noch beim, Sterben zusehen kann, da dieser schwer verletzt ist. Doch auch hier, im Augenblick von Hilflosigkeit und Ohnmacht, gelingt es Lukas sich und seiner Mutter eine Aufgabe zu stellen.

Das Tier (Der Rabe „Ruby") soll zumindest einen friedlichen Tod sowie ein schönes Grab erhalten.

Im Anschluss tritt eine weitere Eigenschaft von Lukas zutage, nämlich die Fähigkeit Schönes zu erkennen und diese(s) in sich aufzunehmen.

So teilt er das abendliche Schauspiel, bei welchem die Eule Gerda ihr Runden zieht, mit seiner Mutter.

Die nächste große Herausforderung ist Lukas´ plötzliche Erkrankung. Auch hier lenkt er seine Gedanken auf das, was er liebt und schön findet: Auf seinen Wald.

Die Freundschaft mit Mia gibt ihm zusätzlich Kraft, ebenso das Bewusstsein darüber, dass auch Mia ihn braucht, auch wenn dies zunächst überhaupt nicht so erscheinen mag.

Lukas´ Fähigkeit die Gefühle anderer zu erspüren lässt ihn dies aber bemerken, und es entwickelt sich eine sehr tiefe, lange Freundschaft. Doch hat Lukas auch einen blinden Fleck: Es gibt einen Jungen in seiner Nähe, Anton, den er ständig übersieht. Anton ist somit ein Symbol dafür, dass Lukas´ Blick noch eingeengt ist.

Vielleicht durch die Trauer, vielleicht aber auch durch die schlichte, begrenzende Konvention eines herkömmlichen Denkens.

Im Lauf der vier Bücher erzählt Mia immer wieder Geschichten. In denen geht es vor allem um das Entdecken einer eigenen Identität- unabhängig von anderen. Diese Geschichten verweisen indirekt auch auf den Versuch von Lukas eine solche Identität für sich zu entdecken. Noch immer gelingt ihm am Ende des ersten Bandes der von ihm so gefürchtete Besuch des Grabes seiner Schwester und seines Vaters nicht.

Ein bestimmter Schritt auf diesem Weg ist jedoch getan; eine geradezu notwendige Voraussetzung gewissermaßen. Diese Voraussetzung ist m.E. seine persönliche Stärkung und der Ausbau seiner ihm eigenen Ressourcen, sowie seines persönlichen sozialen Netzwerkes. Ohne zu einer Antwort nach dem „warum?" bezüglich des Todes seiner älteren Schwester und seines Vaters zu gelangen, (was verständlich ist, denn wie soll man in Anbetracht dessen, was ihm widerfahren ist, eine Antwort finden?), zumindest nicht auf verbaler Ebene. Allerdings „sehen" Mia und Lukas am Ende des 1. Bandes etwas, das sie eine mögliche Antwort erahnen lässt. Diese Antwort soll Raum für ganz individuelle Auslegungen lassen und wird daher nicht explizit verbalisiert. Dieses Netzwerk setzt sich zusammen aus: Stachel, dem Igel, Gerda, der Eule, Luna, dem kleinen Eulenkind, seiner Mutter, seiner Großmutter sowie den Freunden Mia und Kai. Alle diese einzelnen Figuren erfüllen spezielle Funktionen und / oder verweisen auf Ressourcen. Diese werden zum Teil ausgesprochen (Mia) oder bleiben jeweils individuelle Auslegungssache des Einzelnen. Durch eine sowohl geführtere als auch freiere Form soll die Interpretationsvielfalt und das heilsame Vergrößern der (Wahl-) Möglichkeiten des Einzelnen erhöht werden. Die beschriebenen Tiere und der Wald bilden eine Art wichtige

„Rückzugsmöglichkeit". Sie sind den – nicht gerade unerheblichen – Problemen der Protagonisten dabei diametral gegenübergestellt. Inmitten dieses komplexen Spannungsfeldes vollzieht sich die beobachtbare Entwicklung der Hauptfigur bzw. der Hauptfiguren. Je schwerwiegender, komplexer und ausgeprägter die Konfliktkonstellationen- umso positiver und insgesamt friedvoller wird das Gegenteil geschildert. Dieses Vorgehen soll die Fähigkeit zur *Selbstregulation* unterstützen.

Sie spiegelt dabei selbstverständlich nicht die konkrete Realität wider, sondern geht über diese hinaus. Zugleich soll das genannte Vorgehen dazu einladen, die eigenen Möglichkeiten zu überdenken, den eigenen Blickwinkel zu erweitern, und dies in zeitlicher und in räumlicher Hinsicht. Das genuin Spielerische der Phantasie ist hierbei in besonderem Ausmaß dazu geeignet, da das Rigide, das Wertende, das Einengende wegfällt, welches bestimmte Problemlösungsmechanismen potentiell lähmen kann. Selbstverständlich gilt dies, wie alles hier, nicht (und das ist m.E. ein Geschenk) für jeden Menschen. Das Leben ist glücklicherweise zu reich hierfür. **(Band 1: Nachtflüge - Geschichten zwischen den Welten)**

Rabenfedern: In diesem Band verfestigt sich, neben der Freundschaft zu Kieran, dem Raben, die Freundschaft zwischen Lukas und Kai. Lukas lernt zu vertrauen, sich auf etwas einzulassen. Im Lauf der Erzählung verlässt er erstmals vertraute Pfade:

Seine ihm bekannte Umgebung und begibt sich auf gänzlich fremdes Terrain. Zunächst erfolgt dies in Bezug auf sein Verhalten. Vollkommen untypisch für ihn hilft er Kai dabei einen Hund zu entführen, der von dessen Besitzer nicht gut behandelt wird.

Obwohl juristisch natürlich erst einmal fragwürdig, tritt er (gemeinsam mit Kai) aus einem Gefühl von Lähmung und Ohnmacht heraus. Auch hier werden wieder besonders das Proaktive Coping und die Selbstwirksamkeit (nach SCHWARZER) gefördert. (Definition im Anhang). Im Anschluss daran reist er mit Kai gar auf eigene Faust nach Holland, um Kais dort lebende Mutter zu besuchen. Erneut verlässt Lukas seine vertrauten Handlungsweisen und Orte, um auf diese unbekannte, offene und auch riskante, da heimliche, Reise zu gehen. Als Autorin und Therapeutin rate ich natürlich nicht zu solchen Reisen, doch sind sie in einem anderen Kontext wohl nachvollziehbarer, verstehbarer. Innerhalb der Geschichten, die an die Muster zahlreicher Märchen angelehnt sind, begibt sich der Protagonist auf eine Reise. Diese ist im Sinne eines gewissen Abnabelungs- und Reifungsprozesses notwendig. Das völlige (und zumindest temporäre) Abrücken vom Vertrauten- hin zu etwas Neuem, etwas

Unvertrautem. Nach dieser Reise erlebt Lukas, wie bereits im ersten Band, den Tod- oder den nahenden Tod- eines Tieres. Diesmal ist es ein Haustier, so dass eine gewisse Steigerung zu Band 1 besteht, was den Tod des dort vorkommenden ihm unbekannten Raben „Ruby" betrifft. Das stellt eine enorme Herausforderung und eine Tragödie, eine Zäsur für ein Kind dar, der (modellhafte) Versuch dies für sich „erträglich" zu gestalten wird vorgestellt.

Im Buch „Rabenfedern", also Band 2 der „Lukas-Reihe", werden zudem die ganz konkrete Selbstreflexion und die zentrale Fähigkeit zur Selbstregulation gefördert.

Kai wiederum findet Antworten auf einige seiner Fragen. Er versteht nun besser, dass seine Mutter eine seelische Krankheit hat. Eine Beziehung zwischen Kais Vater und Lukas´ Mutter deutet sich an. Auch damit müssen beide, jeder für sich, umgehen lernen. Agathe, die alte Dame aus dem Waldhaus, ist für beide eine hilfreiche Gesprächspartnerin. Er erhält diese Antworten einerseits durch seine Reise, andererseits auch durch Agathe, fast einer Art archetypischen „weisen Frau", die aber von der Umwelt durch ihr Anders-Sein ausgegrenzt und gefürchtet wird.

Von Kindern und Tieren wird sie (auch hier gibt es märchenhafte Elemente) nicht gefürchtet, da diese ihrem „Instinkt" vertrauen.

Etwas, was hier ebenfalls gestärkt werden soll, wobei natürlich insgesamt neben emotionalen auch kognitive Prozesse eine Rolle spielen müssen.

Agathe ist hierbei kein „unbeschriebenes Blatt", kein Mensch, der einfach eine Theorie wiedergibt. Themen wie *„Schuld"*, *„Trauer"* etc. sind ihr vertraut.

Das Thema „Schuld" bzw. „Schuldgefühl" kann stellvertretend zum Beispiel durch die Figur der Regina thematisiert werden. Doch finden sie sich auch bei sämtlichen anderen Figuren. Agathe selbst ist eine „verwaiste" Mutter. Sie hat, auch durch ihr Alter, schon viel gesehen u. erlebt. Ihr Denken ist unkonventionell. Dies stellt eine große Hilfe für Lukas, Kai, Mia und Anton dar. (Vergleiche hierzu auch das „Divergente Denken" als Schlüssel zu Lösungsprozessen).

Agathe arbeitet viel mit (inneren Bildern), stellt und löst Rätsel; „philosophiert".

Diese Eigenschaften von ihr ermöglichen es den Lesern es ihr gleichzutun.

(Band 2: Rabenfedern bringen Glück – Geschichten von Freundschaft und Mut)

Nebelträume

In **Band 3** brechen weitere Verluste in Kais Leben ein: Der bevorstehende Tod von Räuber, dem mittlerweile bereits alten Hund, dem seiner Katze Maxime und der Verlust seines Hasen, der entführt wird. Die Freundschaft zu Mia und zu Lukas unterstützt ihn dabei. Doch auch Mia erleidet einen

Verlust, und Lukas gerät in eine seelische Krise, genauer: Einen Rückfall, was seine Ängste betrifft.

Dies ist eine Parallele zu Band 2. Seiner Mutter geht es seelisch indessen wieder besser. Große Teile seiner sozialen Ängste wurden abgebaut, eine schwere Krankheit überwunden. Dennoch, wie im wirklichen Leben auch, verläuft nichts linear. Zunehmend stört ihn die Tatsache, dass er nicht ans Grab gehen kann. Er erlebt sich in dieser Hinsicht vor sich selbst als eine Art „Versager" und beginnt die Gegenwart seiner Freunde nicht mehr so recht genießen zu können. Hier ist eine Steigerung in Bezug auf das bisher Erlebte in sozialen Situationen zu verzeichnen. Er gerät in eine offene, sehr konflikthafte Situation mit einer Lehrerin. Lukas trägt den Konflikt aus und entzieht sich der Situation nicht. Zugleich jedoch erfährt er durch Sam, einem Jungen, der zu Besuch bei ihm ist und einige Wochen bei Lukas wohnt, eine gewisse Stärke; das Gefühl eine Art „älterer Bruder" zu sein. Er ist von Sams Lebensfreude sehr angetan. Die Tatsache, dass Sam an Ängsten leidet, weckt Lukas´ Beschützerinstinkt. Erstmals vergisst er Kai und Mia und konzentriert sich darauf Sam zu unterstützen und ihm seine Ängste zu nehmen. Fast unbemerkt geschieht eine Verwandlung. Diese neu gewonnene Stärke ermöglicht es ihm wiederum sich offen konfrontativ seinen Problemen mit der Lehrerin zu stellen. Er überwindet seine Angst vor ihr und schafft etwas, das ihm früher, in Anbetracht seiner Angst vor Menschen, unmöglich gewesen wäre: Er besucht sie sogar bei sich zuhause und stellt sie zur Rede.

Im Lauf des Gespräches, in dem beide bestimmte Parallelen, ihr Leben betreffend, entdecken, erzählt die Lehrerin Lukas von Platons Höhlengleichnis, in dem es um Schatten geht. Noch getragen vom Hochgefühl einen persönlichen Sieg errungen zu haben, beschließt er nun erstmals das Familiengrab zu besuchen. Eine philosophische Überlegung (das „Höhlengleichnis") hilft ihm dabei. Doch auch die Gegenwart von Sam, der für Lukas, mit seiner fröhlichen Art, in einer symbolischen Art und Weise das Leben selbst ist, ist ihm bei diesem Schritt eine große Hilfe. Lukas´ Trauer kann nun auf eine andere Weise beginnen. Etwas in ihm ist aufgebrochen und hat sich zu Neuem hin geöffnet. Erstmals „sieht" er den jungen Anton, welcher bisher auch so etwas wie ein Schatten war. Er nimmt ihn erstmals bewusst wahr, vergisst ihn aber dann wieder, da er offenbar noch immer nicht so weit ist diesen Jungen, der in einigen Teilen ein Spiegel seiner selbst ist, dauerhaft zu ertragen oder zu verstehen. So ist Anton, wie er selbst, scheu, zuweilen beinahe „unsichtbar".

Sein Zuhause ist stark beschädigt. Auch er hat ein Familienmitglied verloren. Ein anderes Mitglied wurde seelisch schwer krank. Im Gegensatz zu Lukas´anderen Freunden, Kai und Mia, ist Anton derjenige, der ihm im Grunde am nächsten ist- und den er (vielleicht gerade deshalb) so lange nicht sieht. Zum Ende der Geschichte hin wird Anton immer wichtiger, entfaltet sich, nimmt gar mehr Raum ein als Lukas selbst. Doch soll es nicht darum gehen, dass Lukas verdrängt wird. Vielmehr wächst er - für den Leser und die Leserin- geradezu mit Anton mit, beginnt sich als der zu akzeptieren, der er ist, ohne sich weiterhin an anderen Menschen zu messen. Im Gegensatz zu Anton ist es dann Lukas, der im Hintergrund bleibt- aber nicht unfreiwillig.

„Werde, der Du bist!"

So könnte man diese Entwicklung wohl mit dem Zitat von Friedrich Nietzsche zusammenfassen.

Jeder der Protagonisten verfügt, das kommt hinzu, über ihm genuin eigene, persönliche, sehr wertvolle Ressourcen und Fähigkeiten. Im Zusammenspiel entwickeln sich diese erst richtig.

Durch Teilen dieser Fähigkeiten untereinander wird der / die Einzelne stärker. Verbindungen, *soziale* Verbindungen in erster Linie, als Teil der Unterstützung von Trauerprozessen, spielen in allen 4 Bänden eine sehr gewichtige, tragende Rolle.

Anbei die einzelnen besonderen „Fähigkeiten" der Kinder-Protagonisten Lukas, Kai, Mia und Anton im Überblick. Dieses ist nur ein Auszug. Zudem verfügen auch die meisten Erwachsenen und selbst die Tiere in der Erzählung über ganz spezielle Ressourcen, die z.T. Modell-Charakter haben.

Fähigkeit Anton: durch die Zeit sehen /

Fähigkeit Lukas: Sich in Träume verirren.

Fähigkeit Mia: (Zum Beispiel das: „Jetzt" spüren / Geschichten erzählen / Das „Für Immer" spüren/

Fähigkeit Kai: Die Zeit dehnen, Fähigkeit

Fähigkeit Gerda: Sich in Träume zu verirren

(Band 3 der Lukas Reihe: Nebelträume - Geschichten von Licht und Schatten)

52

In Band 4: „**Korax und das Geheimnis der Kürbisse**"

müssen sich die Freunde von Agathe verabschieden. Zudem befasst sich Lukas nun mit einigen philosophischen Fragen, etwas, das ihn mit Anton verbindet. Lukas wird in Band 4 erneut auf ihn treffen. Das „Unsichtbare", was Anton auszeichnet, ist etwas, das auch Lukas betrifft. Lukas würde aber gern anders sein. Offen und mutig wie Mia. Erst langsam begreift er, dass er er selbst ist und so trauert wie es ihm entspricht. Lukas fragt nach dem Leben hinter den Dingen und wird erneut mit dem ewigen Kreislauf des Lebens konfrontiert. Da zum Denken auch das Schweigen gehört, übernimmt Anton an bestimmten Stellen für ihn das Sprechen. Hierdurch wird die Perspektive in diesem vierten Band erweitert (siehe dazu auch: „Divergentes Denken"). Über das bisher Bekannte hinaus wird deutlicher, dass die Rahmenlinie des Denkens weiter ist als zunächst von Lukas angenommen. Erstmals erscheint das Bild eines größeren Etwas. Eines Etwas, vor dem man keine Angst zu haben braucht. Individuelle Neuordnungen und die persönliche Aussöhnung mit dem Tod, (hier stellvertretend durch Anton), beschließen diese Serie. Auch das lernt Lukas durch die Begegnung mit Anton. Es geht in diesem Band auch um die Entwicklung von divergentem Denken. Nach dem divergenten Denken, also einem Denken, welches Grenzen, durchaus auch logische Grenzen, über-windet, ist auch das Träumen, der Traum ein wichtiger Bestandteil. Theorien entwickeln, über Sinn nachdenken kommen hinzu. In allen vier Bänden werden die Handlungen sowohl konkret als auch kryptisch besprochen. „Fuchs", die Katze von Mia, könnte beispielsweise für etwas Anderes stehen. Sie könnte für einen Suizid innerhalb der Familie / des Freundeskreises stehen. Da ein solches Thema häufig nur auf dem Weg innerer Bilder, dazu behutsam, angegangen werden kann, habe ich mich für das Bereitstellen einer solchen Geschichte entschieden. Zugleich aber kann diese Geschichte mit „Fuchs" auch nur tatsächlich das sein, als was sie konkret beschrieben wird: Der traurige Verlust eines Haustiers. Sie könnte auch für das Thema: „Ablehnung" oder „Abgrenzung" stehen – oder aber beispielsweise dem Thema „Freiheit", „persönliche Rechte" Assoziationsmöglichkeiten bieten. Alle 4 Bände sind nach diesem Muster aufgebaut und bieten hierbei potentiell therapeutisches Material. Verschiedene Therapieformen können einander abwechseln und sich ergänzen. Ich persönlich halte äußerst viel von einer gezielten Ergänzung und Erweiterung durch kunsttherapeutische Ansätze (in aktiver oder „passiver" Form – Bildrezeption). *Die Lukas-Reihe kann auch in der Familientherapie eingesetzt werden.*

(Band 4: Korax und das Geheimnis der Kürbisse)

Anmerkung: Die wesentlichen, im ICD-10 aufgeführten Störungsbilder werden innerhalb dieser Bände skizziert. Sie können von den jeweiligen Therapeuten aufgegriffen und ausgebaut werden. Sie werden hier- *sehr vereinfacht-* lediglich skizziert. Neben seelischen Erkrankungen werden auch körperliche Leiden thematisiert. (s.o.)

Beispiele:

Lukas: PTBS, Angsterkrankung, soziale Angst, gestörte Trauerverarbeitung, Ess-Störungen somatoforme Störungen

Kai: AD(H)S, Impulskontrollstörungen, Verhaltensauffälligkeiten, Soziale Scham

Till: AD(H)S, Impulskontrollstörungen, Verhaltensauffälligkeiten

Lukas ' Mutter: PTBS, depressive Episoden

Antons Vater: Erkrankung aus dem schizophrenen Formenkreis, Suchtmittelmissbrauch, (Armut)

Regina: Zwänge, depressive Episoden

Agathe: beginnende Demenz, Altersdepression

Sam: Intelligenzminderung

Mia: LRS, affektive Störungen

Fuchs: Autismus **Maxime:** körperliche Krankheit

Da diese erzählten Bilder im Kontext des Handelns

von sehr komplexeren Personen gezeigt werden (skizzenhaft lediglich bei Antons Vater), kann ein umfassenderes Verständnis erlangt werden. Neben den Krankheitsbildern stehen immer zugleich auch die individuellen Ressourcen der entsprechenden Personen.

Somit bleibt es nicht bei einer reinen „Diagnose"; vielmehr zeigt sich gerade die Stärke in den kreativen Bewältigungsstrategien der einzelnen Protagonisten.

Mia beispielsweise wird zur Geschichtenerzählerin, Lukas überwindet seine Ängste.

Kai findet eine stärkere innere Ruhe, Agathe kann in Frieden mit ihrem Leben und zugleich mit dem Tod ihrer Tochter Annie abschließen.

Regina findet den Weg zurück in ihre Familie.

Kais Mutter kann sich erklären, was zu ihrer persönlichen Entlastung beiträgt.

Lukas´ Mutter kann eine neue Bindung eingehen; Anton findet eine „innere Heimat", was besonders stark in Band 4: „Korax, und das Geheimnis der Kürbisse" zutage tritt.

Dem Leser soll nicht zuviel versprochen werden. Obgleich die Geschichten „phantastisch" sind, sollen die Erwartungen realistisch bleiben, und dennoch, oder gerade deswegen, den Optimismus beflügeln und zum „Proaktiven Coping" anregen. Rückschläge gehören dazu.

Beispiele hierfür bietet auch das Buch „Ruby Blue"...

Zu der Leseprobe „Ruby Blue" gesellt sich hier der konkrete bibliotherapeutische, aktive Versuch eine Geschichte umzuerzählen, weiterzuerzählen und zu einem guten Ende zu bringen. Stellvertretend hierfür steht Mia als Geschichtenerzählerin. Es geht um den Tod des Vogels „Ruby Blue" und Mias Geschichte über ihn. Diese Geschichte muss nichts mit dem tatsächlichen Vogel, nichts mit „Ruby

Blue" zu tun haben. Vielmehr geht es darum seinem Tod etwas Eigenes entgegenzusetzen.

...sowie: Lukas und die Geschichte der Schatten

Den „Schatten" wird hier eine große Rolle zuteil. Eine Auseinandersetzung mit der Frage nach dem „Höhlengleichnis" bewegt Lukas zu einer mutigen Handlung, die es ihm erlaubt aus seinem „Schatten" herauszutreten.

Jedoch schließt sich hier auch sein Versuch an, den „Schatten" zu begreifen und einzuordnen. In dieser Hinsicht nimmt diese Sonderedition im Sinn des Wortes eine Sonderstellung ein und geht ein Stück über das hinaus, was sie eigentlich ist. So wird sie nicht nur zur Summe verschiedener Teile, sondern zu einem neuen Ganzen, eingebettet in zahlreiche Schattenbilder, welche das Gesagte optisch untermauern, visualisieren. Am Ende hat Lukas einen wegweisenden Traum...

Der Schatten kann für Vieles stehen. Ich lege mich in diesem Buch auf kein bestimmtes Erklärungsmuster fest.

Vielmehr ist hier, wie auch in den vier anderen Büchern (von den Sonder-Editionen abgesehen), der Phantasie keine Grenzen gesetzt, wenn es darum gehen soll die jeweiligen Möglichkeiten im therapeutischen Prozess zu vergrößern.

Das „Spiel" mit den Schatten bietet sich, m.E. gerade zur bibliotherapeutischen Arbeit an. Als Methoden sind „Briefe an den Schatten" denkbar.

Zur „Lukas-Reihe" im weiteren Sinn gehören auch: „Die Reise nach Holland", sowie „Morgensterne. Bereits bekannte Geschichten werden ausgeführt, weitererzählt, gehen in die Tiefe, verändern die Zeiten, Angedeutetes wird erweitert. So bilden diese Bücher gleichsam Nebenlinien und weitere Äste, die doch alle vom gleichen Baum stammen. Zugleich sind es Arbeitsbücher mit Aufgaben versehen die Geschichten im eigenen Sinn weiterzuschreiben, zu modifizieren. Die Suche nach Bekanntem, das Entdecken von Abweichungen, das Verständnis darüber, dass Geschichten weitergehen, dynamisch sind „regen", bewegen ist hilfreich.

Neben der Förderung basaler Fähigkeiten wie der Konzentration, führt dies zu Einsichten, welche im Rahmen therapeutischer Prozesse m.E. als sehr wertvoll zu betrachten sind. Es liegt ein Trost darin. Darin, dass etwas weitergehen kann, wird, und weitergehen darf. Doch auch in anderen Zusammenhängen möchte ich in diesem Kontext auf „Ressourcen" zu sprechen kommen, Wie diese also als Ressource zu nutzen und zu verstärken ist, werde ich daher gleich gesondert ausführen. In von mir entwickelten, auch mit Verweis auf die Figuren der Lukas-Reihe versehenen Bezügen versehenen, erfolgreich praxiserprobten, Arbeitsmaterialien wie:

„Verstärker in der bibliotherapeutischen Praxis" ist dies so. Hier wird das Schriftliche um das Visuelle erweitert, (wobei eine solche Trennung m.E. eher künstlich ist, da im Schreiben das Visuelle ja bereits im Sinn einer Vorstellungskraft enthalten ist).

Morgensterne

Bibliotherapie für Kinder

Claudia J. Schulze / Anke Hartmann

Doch sollen hier gerade auch <u>explizit kunst-</u><u>therapeutische Ansätze</u>, Kraftbilder und das Sich-von-der-Seele-Malen eine zusätzliche Hilfsquelle sein; dabei ein weiteres, stärkendes und förderndes Therapie-Angebot darstellen. Das Wiederaufgreifen bekannter Personen, Tiere und Themen, das sie Wiederkennen in Bildern, das sie Festhalten in bereits bestehenden oder eigenen Bildern erzeugt eine Sicherheit, eine Vertrautheit von welcher aus die Möglichkeit entstehen kann Neues zu erkunden und zu entwickeln. (Siehe dazu auch meine Worte zu Beginn). Die ewige Wiederkehr, das Vertraute löst das Fremde, die nötigen Entwicklungsaufgaben ab wie etwa ein Musikstück, welches sich durch Variationen sowie Neuerschaffung auszeichnet. Der „Anker des Vertrauens" kann sich ebenfalls in „Verstärkern" zeigen. In bereits vertrauten Dingen beispielsweise. Diese vertrauten Dinge können alles Mögliche sein – auch (unter anderem): Bilder. Im Rahmen dieser Buchreihe habe ich dafür die Bilder von Anke Hartmann gewählt, die durch ihre Art, die liebevollen Details zum Beispiel, in meinen Augen für therapeutische Zwecke ganz besonders geeignet sind. Zudem zeigt sich neben Tiefe gerade auch das wichtige Element des Humors, des Lebendigen, des Mut-Machenden.

Auf diesem Bild wird wohl deutlich was ich damit meine. Ihre Bilder haben etwas Aufbauendes, etwas, das die Kinder in meiner Praxis immer ganz besonders angesprochen hat. So habe ich im Rahmen meiner bibliotherapeutischen Arbeit gerne immer wieder Bilder von ihr gezeigt, so zum Beispiel auf zwei Postern, die bewusst aus diesem Grund exponiert in meinen Praxisräumen hingen. Als „Verstärker" verschenkte ich Anhänger mit Bildern, auf denen die Protagonisten abgebildet waren. Dies wurde von den Kindern sehr positiv aufgenommen. Selbstverständlich ist dies nur ein Vorschlag, exemplarisch. (Siehe dazu hinten die „Glücksbuttons").

Praxisbeispiel:

P: „An Lukas mag ich, dass er sich um Tiere kümmert und ein netter Typ ist."

I: „Was gefällt Dir nicht an ihm?"

P: „Er ist ein bisschen feige…"

I: „Warum, meinst Du, ist er so?"

P: Wahrscheinlich wegen diesem Unfall, aber ich mag Kai lieber."

I: „Kai hat auch einiges durchgemacht…"

P: „Ja, und er ist nie feige, trotzdem nicht.

I: „Stimmt!" (Pause)

I: „Aber manchmal war er gemein, oder?"

P: „War er. Aber er hat sich geändert." (Überlegt)

P: „Jetzt ist er so einer, mit dem man befreundet sein möchte."

I: „Und Lukas nicht?"

P (zögernd): „Schon."

I: „Er hat sich ja auch geändert. Und manchmal ist er auch nicht feige."

P (nickt): Er schreibt sogar die Mathe-Arbeiten für seinen Freund, damit der nicht sitzen bleibt. Und er ist mit nach Holland gefahren. Man kann sich auf ihn verlassen, Aber trotzdem…

I: „Wer ist Dir denn persönlich ähnlicher? Was glaubst Du?"

P: „Hmm, wahrscheinlich am ehesten doch Lukas."

I: „Dann lass´uns doch mal über Lukas´Seiten sprechen, die Du magst."

P: „Ok, also, er kann etwas das die anderen nicht können, das mit den Tieren. Er hilft auch Kais Katze und so. Das gefällt mir."

I (zustimmend): „Hm, ja"

P: „Und er gibt nicht auf. Auch nicht als er mal so krank war…Wenn er nur nicht immer so ruhig wäre."

I: „Findest Du Dich selbst denn auch zu ruhig?"

P: „Ein bisschen."

I: „War das schon immer so?"

P: „Ich glaube schon."

I: „Schreib doch mal was über Lukas, wo er ganz anders ist als sonst!"

P: „So wie da, wo er mal richtig ausrastet?"

I: „Vielleicht. Du entscheidest was Du schreibst. Er kann auch auf einer Party sein und plötzlich ganz anders als sonst – oder ein ganz großer Sportler. Immerhin konnte er vor Kai immer ziemlich schnell davonrennen. Da könnte man doch was machen, oder? Es kann aber auch etwas ganz Anderes sein. Was meinst Du?"

P: „Ich versuch´ es. Hab´ gerade eine Idee." (Er beginnt zu schreiben) (…)

Jeder der Protagonisten hat seine Entwicklungs-möglichkeiten und Potentiale. Keiner ist ein „Superheld", aber doch auf seine Art ein Held oder eine Heldin. Dadurch, dass alle Personen ein wenig offen gehalten werden, kann die Phantasie der Kinder angeregt werden.

Sie können die gewählten Personen um Ge-schichten erweitern, mit denen sie sich dann selbst identifizieren können.

Durch das Beschäftigen mit Details zu einer der beschrieben Personen werden dann auch wichtige Details sichtbar, Einzelheiten klar, die vorher nicht so aufgefallen waren. Lukas ist tatsächlich gar nicht so feige, nur, weil er ruhig ist. Er geht / ging Risiken ein. So begleitet er seinen Freund als blinder Passagier nach Holland; er lässt ihn abschreiben, schreibt sogar Arbeiten für ihn und riskiert dabei schlechte Noten. Er konfrontiert seine Lehrerin etc. Kai wiederum hat hinter seiner rauen Schale einen sehr weichen Kern. Mia wiederum, die so selbstsicher zu sein scheint, hat mit starken Selbstzweifeln zu kämpfen. Regina, das Mädchen, das keiner mehr mag, befreit Kai selbstlos aus einer gefährlichen Lage. Sam, den alle zunächst unterschätzen, bringt wieder Lebendigkeit in das Leben von Lukas. Alles ist im Fluß…

Zauberbücher~

Fragenkatalog zur „Lukas~Reihe"

Praktische Bibliotherapie

Claudia J. Schulze / Anke Hartmann

**FRAGENKATALOG BIBLIOTHERAPIE ~
LUKAS~REIHE**

Zauberbücher:

Das Büchlein *„Zauberbücher"* besteht aus einem bibliotherapeutischen Fragenkatalog zur „Lukas-Reihe".

Hier ein exemplarischer Auszug:

NACHTFLÜGE

Kapitel 1: Lukas und die Rabenfeder
(Lukas hat Angst vor Menschen).

Vor was hast Du Angst?

Was gibt Dir Kraft? (Vergleiche dazu Lukas)

Was findest Du ganz besonders schön, oder was macht Dir besonders viel Spaß?

Wo fühlst Du Dich am sichersten? Worin bist Du richtig gut?

Was macht dich unsicher?

Beschreibe Lukas´ Gefühle im Zusammenhang mit Erwachsenen.

Beschreibe Lukas´ Gefühle / Reaktionen, wenn Kai ihn ärgert?

Wehrt sich Lukas deiner Meinung nach ausreichend?

Wie würdest du dich an seiner Stelle verhalten?

Könntest du dir vorstellen Stachels Taktik auch

anzuwenden? Versuche Dir das vorzustellen.

Hast du bei manchen Menschen auch ab und zu ein ungutes Gefühl?

Falls ja: Wie verhältst du dich dann?

Warum kommt Lukas das Leben manchmal gefährlich und leer vor? Warum möchte Lukas nicht, dass jemand seine Trauer sieht? Was denkst du über den Tod? Wie würde ein Leben nach dem Tod für dich aussehen? Kannst du es möglichst genau beschreiben?

Kapitel 2: Kieran, der Rabe
(Lukas lernt Kieran, den Raben, kennen und bewundert dessen Fähigkeiten zu fliegen).

Wärst du manchmal gern etwas anderes als ein Mensch?

Wer oder was wärst du gerne, wenn du wählen könntest? Warum?

Wärst Du gern im Wasser, auf der Erde oder in der Luft?

Was meinst Du: Wie wäre es zu fliegen?

Könntest du dir vorstellen mit einem Raben oder einem anderen Tier befreundet zu sein?

Welches Tier wäre dir am liebsten?

Wie sähe eure Freundschaft aus?

Wie ging es Lukas ohne Kieran?

Versuche es so genau wie möglich zu beschreiben.

Kapitel 3: Lukas und Ruby
(Lukas findet einen sterbenden Vogel im Gras).
Wie äußert sich Traurigkeit bei dir? Kannst du es beschreiben?
Welche Arten von Traurigkeit kennst du?
(Bei dir und auch bei anderen Menschen)
Kannst du nachvollziehen warum es Lukas lieber gewesen wäre, wenn seine Mutter ab und zu geweint hätte?
Was hältst du vom Argument des Raben Korax, als er sich an Euklesophos richtet?
Konnte Lukas Ruby tatsächlich nicht helfen, oder half er ihm doch, (aber auf eine unerwartete Weise)? Welche Konsequenz zieht Lukas´ Mutter aus dem Tod des kleinen Raben?

Kapitel 4: Lukas und das Eulenkind (Lukas macht die Bekanntschaft mit Luna).
Was gibt dir persönlich das Gefühl beschützt zu sein?
Wie würdest du dieses Gefühl beschreiben?
Warst du schon einmal auf jemanden eifersüchtig?
Kannst du dieses Gefühl beschreiben?
Wie gibt Luna Lukas ein Stück Lebensfreude zurück?
Welche Hoffnung weckt Luna in Lukas?

KRAFTBILDER (Von Anke Hartmann)

„Glückskästchen" und „Glücksboxen"

Wie bereits im Buch „Rabenfedern bringen Glück" versucht Lukas´ Mutter ihren Sohn explizit darauf aufmerksam zu machen, dass die Tatsache, dass er mittlerweile Freunde gefunden hat, keinem willkürlichen „Glück" zu verdanken ist, sondern vielmehr besonderen sozialen Fähigkeiten, die ihn auszeichnen und zu Freundschaften besonders befähigen. (Z.B. Initiative, Vertrauen, Empathie, Freundlichkeit, Aufgeschlossenheit). In allen Büchern der „Lukas-Reihe" geht es um eben das.

Nichts passiert durch „Zauberei". „Glück" wird nicht durch das schlichte Finden einer Rabenfeder erzeugt. Dies käme einem reinen Aberglauben gleich; auch diesem möchte die Erzählreihe entgegenwirken. Und doch können gerade eben Gegenstände von Freunden, Dinge, die sie uns vielleicht einmal geschenkt haben, Bilder von ihnen, die wir bei uns tragen, uns innerlich stärken. Nicht im Sinn einer resignierenden Aufgabe unserer eigenen Fähigkeiten, sondern vielmehr im Bewusstsein darüber nicht allein zu sein, Freunde zu haben oder Personen, die so denken wie wir, die uns lieben und unterstützen. Dies können durchaus auch nicht-menschliche und / oder fiktionale

Figuren sein. Das ist der Grund warum mir schließlich die Idee kam, Gegenstände wie „Glücksbuttons", „-Bilder" oder „Glücksboxen" zusätzlich therapeutisch einzusetzen und einzubinden. Anke Hartmann, die Künstlerin, stellt diese her. Meine Idee ist es nun das Motiv, von welchem sich ein Kind besonders angesprochen fühlt, zu wählen und ihm zur Verstärkung einen (oder mehrere) dieser Buttons oder Kästchen mit auf den Weg zu geben. Natürlich muss dies nicht notwendigerweise erfolgen. Innere Begleiter können auch durch ganz anders geartete Reize wirken. So sagt in einem der Bücher aus der „Lukas-Reihe" Mia zu ihrem Freund: „Du wirst immer an mich denken, wenn der Wind weht." Es gibt zahllose, alternative Möglichkeiten solche mentalen Verstärker einzusetzen und zu nutzen. Ich nenne sie, trotz der weiter oben vorgebrachten Einwände, weiterhin „Glücksboxen" oder „Glückskästchen" und zitiere hiermit einen Satz aus meinem Buch, in welchem Lukas die Freundschaft als solche als das größte Glück überhaupt empfindet. Es ist ihm etwas „geglückt"-gerade auch durch eigenes Zutun. Und in diesem doppelten Sinn möchte ich es gerne bei dieser Bezeichnung belassen und hoffen, dass auch sie eine „geglückte" ist.

(2) Proaktives Coping (SCHWARZER, R./GREENGLASS, E./ TAUBER, S., 1999)

SCHWARZER unterscheidet zwischen *Reaktivem, Antizipatorischen, Präventivem* und *Proaktivem* Coping.[1] Das *Proaktive Coping*, welches ich zum Zwecke meiner Arbeit ausgewählt habe, versucht zu erklären, was Menschen motiviert ihre Ziele zu verfolgen, wie sie sich selbst in Bezug auf ihre Zielerreichung verhalten. Ein Proaktives Problemlösungsverhalten sucht unabhängig davon Lösungen zu entwerfen, ob die Probleme durch das eigene oder durch Fremdverschulden entstanden sind.

Proaktivität ist eine Persönlichkeitsdimension, und der Glaube an das hohe Potential von Veränderungen, welche dazu dienen sich selbst und die eigene Umgebung zu verbessern. Dies beinhaltet einen Zugang zu eigenen Ressourcen zu finden, es beinhaltet Verantwortung, Werte und Weitsicht.

---

[1] SCHWARZER, R.: Some Comments on Proactive Coping, Freie Universität Berlin, Psychologie, http: //www.RalfSchwarzer.de

Ein Lebenslauf ist nicht völlig von äußeren Einwirkungen bestimmt, sondern kann auch selbst gewählt werden. Weder gute noch schlechte Ereignisse können ausschließlich äußeren Faktoren angelastet werden. Ein Proaktives Problemlösungsverhalten wird sich mit der Realität auseinander setzten, und sich der Eigenverantwortung stellen. Bisher berichtet SCHWARZER von zahlreichen. beachtlichen Korrelationen des Proaktiven Coping, beispielsweise mit der hier genannten Selbstwirkamkeit.[2]

---

[2] References: ASPINWALL, L. G., & TAYLOR, S. E. (1997). A stitch in time: Self-regulation and proactive coping. Psychological Bulletin, 121, 417-436.

BRANDTSTÄDTER, J. (1992). Personal control over development: Implications of self-efficacy. In R. SCHWARZER (Ed.), Self efficacy: Thought control of action (pp. 127-145). Washington, DC: Hemisphere.

BURKE, R. J. (1993). Organizational-level interventions to reduce occupational stressors. Work and Stress, 7(1), 77-87.

BURKE, R. J., GREENGLASS, E. R., & SCHWARZER, R. (1996). Predicting teacher burnout over time: Effects of work stress, social support, and self-doubts on burnout and its consequences. Anxiety, Stress, and Coping: An International Journal, 9, 261-275.

SCHWARZER, R. (Ed.). (1992). Self-efficacy: Thought control of action.

Washington, DC: Hemisphere.

SCHWARZER, R. (1999). Self-regulatory processes in the adoption and

maintenance of health behaviors. The role of optimism, goals, and threats. Journal of

Health Psychology, 4(2), 115-127.

SCHWARZER, R., & LEPPIN, A. (1989). Social support and health: A meta-

analysis. Psychology and Health: An International Journal, 3, 1-15.

SCHWARZER, R., SCHMITZ, G. S., & DAYTNER, G. T. (1999). The Teacher

Self-Efficacy scale. [On-line publication]. Available at: http://www.fu-

berlin.de/gesund/skalen/

SCHWARZER, R., & SCHWARZER, C. (1996). A critical survey of coping

instruments. In M. ZEIDNER & N. S. ENDLER (Eds.), Handbook of coping:

Theory, research and applications (pp. 107-132). New York: Wiley.

* Diese Punkte sind für mich gerade bezüglich der „Lukas-Reihe" relevant. In narrativer Form wird hier ein Modell zur Steigerung des PC und der Selbstwirksamkeit an die Hand gegeben. Innerhalb der Geschichten werden Impulsfragen gestellt und bibliotherapeutische Techniken angeboten. Eine dieser Techniken ist es zum Beispiel, den Text umzuschreiben oder weiterzuschreiben. Beides erhöht (vom Modell-Lernen abgesehen), Proaktives Coping und Selbstwirksamkeit.

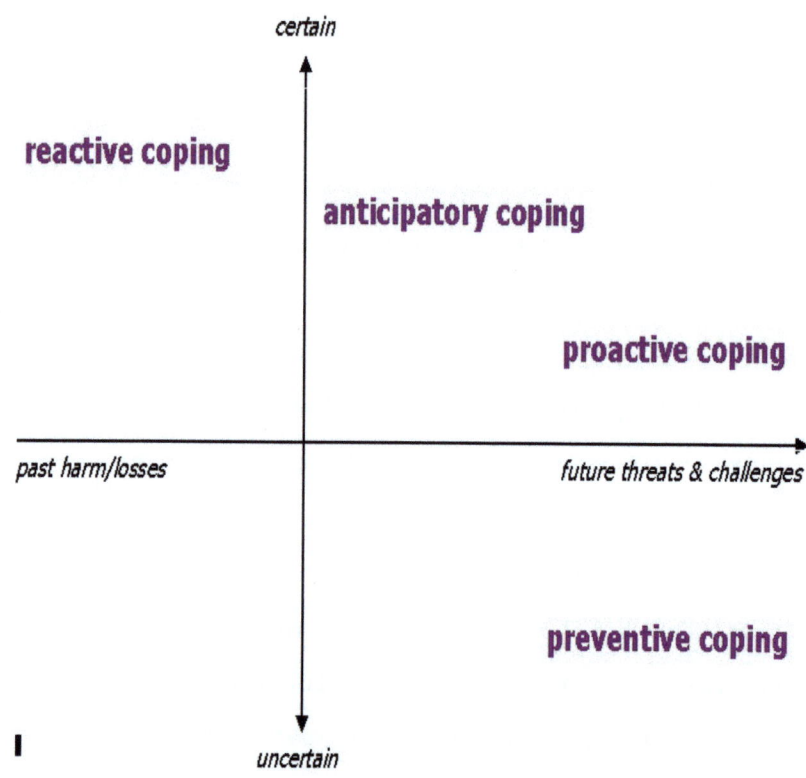

Proaktives Coping- Fragebogen

Ralf Schwarzer, Esther Greenglass & Steffen Taubert,
1999

1.Habe ich ein Ziel erreicht, dann suche ich mir eine
größere Herausforderung.

2.Mir kommt es immer darauf an, etwas zu bewirken.

3.In brenzligen Situationen habe ich oft das Gefühl, auf verlorenem Posten zu stehen. (-)

4.Ich ziehe aus alltäglichen Schwierigkeiten wichtige Erfahrungen, um mein Leben besser zu gestalten.

5.Ich male mir meine Wunschträume genau aus, um sie zu verwirklichen.

6.Ich möchte mit dem, was ich tue, etwas Wichtiges in dieser Welt bewegen.

7.Wenn ich mir etwas vorgenommen habe, kann mich nichts mehr aufhalten.

8. Wenn die Dinge nicht so gut laufen, warte ich lieber, bis sie sich von selbst regeln. (–)

9.Ich konzentriere mich für meinen Erfolg auf das, was ich für wesentlich halte und lasse mich dabei nicht ablenken.

10.Ich denke immer daran, was man wohl noch verbessern könnte.

11. Ich arbeite mich nach oben, auch wenn der Weg oft steinig ist.

12. Ich übernehme gerne Verantwortung und ziehe dabei oft für andere „den Karren aus dem Dreck".

13. Wenn es „hart auf hart kommt", nehme ich die Sache in die Hand und finde einen Weg.

14. Ich baue nur auf sicherem Boden und lasse die Finger von Experimenten. (–)

15. Ich stecke meine Ziele nicht allzu hoch, weil ich oft befürchte, dass ich scheitere. (–)

16. Ich habe Freude daran, die Qualität meiner Arbeit zu verbessern.

17. Ich suche mir gern Herausforderungen und gehe dafür auch Wagnisse ein.

---

*Anmerkung: mit (–) gekennzeichnete Items müssen umgepolt werden.

Das Antwortformat ist vierstufig: stimmt nicht, (2) stimmt kaum, (3) stimmt eher, (4) stimmt genau.

---

(3) Perzipiert generalisierte Selbstwirksamkeit:

Die Wissenschaftler Mattias JERUSALEM und Ralf SCHWARZER konstruierten 1981 in Anlehnung an BANDURA's Konzept (Self-Efficacy) eine 20-Item Skala, die später revidiert, und zu einer 10-Item-Skala zur Erfassung der perzipiert generalisierten Selbstwirksamkeit umgearbeitet wurde. Die perzipiert generalisierte Selbstwirksamkeit bezieht sich auf optimistischen Erwartungen hinsichtlich der eigenen Möglichkeiten, mit einer Reihe von Stressoren fertig zu werden im Sinne einer stabilen Pesönlichkeitsdimension. Im deutlichen Gegensatz zu anderen Konstruktionen des Optimismus, verweist gerade die perzipiert generalisierte Selbstwirksamkeit auf die Kompetenz des einzelnen, mit solchen Herausforderungen umzugehen. Sie wird mit einer Zehn-Item-Skala gemessen, die für interkulturellen Gebrauch entworfen wurde. Diese hat sich in vielen Studien als homogen, zuverlässig und gültig erwiesen, so dass diese Vorgehensweise auch hier herangezogen wurde. Je nach

Stichprobe schwankt die interne Konsistenz laut SCHWARZER zwischen.74 und .93.

Die Selbstwirksamkeitserwartung korreliert zudem positiv mit Merkmalen wie Optimismus, Selbstwertgefühl, internaler Kontrolle oder Leistungsmotivation, negativ mit Merkmalen wie Ängstlichkeit, Depressivität oder Neurotizismus.[3] Das Konstrukt der Selbstwirksamkeit, welches von BANDURA eingeführt wurde repräsentiert einen wichtigen Aspekt seiner sozial-kognitiven Theorie (BANDURA, 1977, 1997)

Dies erfordert, so SCHWARZER, vor allem zwei Arten von konstruktiven Überzeugungen,

„nämlich davon, (a), dass es überhaupt Handlungen gibt, die vorbeugend wirken[4], und davon, (b), dass man selbst dazu in der Lage ist, diese Handlungen auszuführen.[5]„[6]

---

[3]SCHWARZER, R.: Optimistische Kompetenzerwartung: Zur Erfassung einer personellen Bewältigungsressource, Diagnostica, 1994, 40, Heft 2, S. 105

[4] Konsequenzerwartung (outcome expectancy)

[5] Selbstwirksamkeiterwartung (self-efficacy expectancy)

[6]SCHWARZER, R.: Optimistische Kompetenzerwartung: Zur Erfassung einer personellen Bewältigungsressource, Diagnostica, 1994, 40, Heft 2, S. 105

SCHWARZER fasst in Anlehnung an BANDURS zusammen: *„Nur, wenn jemand glaubt, eine adaptive Bewältigungshandlung zur Verfügung zu haben, wird er motiviert sein, ein Problem instrumentell anzugehen. Selbstwirksamkeitserwartung.* [7]

MITTAG, W., & SCHWARZER, R. (1993). Interaction of employment status and self-efficacy on alcohol consumption: A two-wave study on stressful life transitions. *Psychology & Health, 8,* 77-87.

SCHWARZER, R. (1993). *Measurement of perceived self-efficacy. Psychometric scales for cross-cultural research.* Berlin, Germany: Freie Universität Berlin.

SCHWARZER, R. (1994). Optimism, vulnerability, and self-beliefs as health-related cognitions: A systematic overview. *Psychology & Health, 9,* 161-180.

SCHWARZER, R., & JERUSALEM, M. (1995). Generalized Self-Efficacy scale. In J. WEINMAN,

S. WRIGHT, & M. JOHNSTON, *Measures in health psychology: A user's portfolio. Causal and control beliefs* (pp. 35-37). Windsor, UK: NFER-NELSON.

* Trauerbewältigung und der Umgang mit kritischen lebenssituationen Sind zwar nicht auf das Erlernen und Verbessern dieser Fähigkeiten: Divergentes Denken, (Proaktives Coping / Selbstwirksamkeit) beschränkt.

Das wäre eine unzulässige Simplifizierung eines weitaus komplexeren Gesamtgeschehens- jedoch IST es M.E. zumindest eine wichtige Voraussetzung hierfür. Da es nur eine von vielen Voraussetzungen sein kann, ist mir die prinzipielle Begrenztheit dessen was erreichbar ist durchaus bewusst. Dennoch stellt das Training und das Ermöglichen von Modell-Lernen ein hilfreiches Werkzeug für den Einzelnen dar. Die bibliotherapeutische Arbeit kann hier m.E. einen wichtigen Beitrag leisten.

Claudia J. Schulze (Text) ist unter anderem Autorin und Bibliotherapeutin. Studium der Psychologie, Philosophie Pädagogik und der vergleichenden Literaturwissenschaften.

Sie arbeitet in eigener Praxis psychotherapeutisch mit Kindern, Jugendlichen und Erwachsenen, und entwickelt interdisziplinäre therapeutische Materialien.

Bereits in ihrer Diplomarbeit, später dann auch während ihrer Promotion, befasste sie sich mit der Frage, inwiefern Literatur sich auf therapeutische Prozesse positiv auswirkt. Kontakt: CJ.Schulze@gmx.de Praxis Dr. Claudia J. Schulze, Grünberger Str. 8, 78052 VS-Villingen

Anke Hartmann (Illustrationen) ist Künstlerin, Illustratorin, Kinderbuchautorin und Geschäftsführerin einer Leipziger Grafik-Werkstatt und des Raumkind-Verlages. Ihre ausdrucksstarken und liebevoll gestalteten Bilder erfreuen sich großer Beliebtheit. Anke Hartmann ist Autorin des Buches: „Die letzte Reise" (Raumkind Verlag) (Kleine Träumereien am Lindenauer Markt, Leipzig).

Hier sind Arbeiten von ihr dargestellt die, wie ich finde, in der therapeutischen Arbeit sehr hilfreich eingesetzt werden können. Solche „Verstärker" können aber natürlich auch selbst hergestellt werden. Ich habe diese Beispiele exemplarisch gewählt, da ich die Arbeiten von Anke Hartmann ganz besonders schätze!

(Dr. Claudia J. Schulze)

Diese Bücher können über mich oder über den Buchhandel bezogen werden. Glücksbuttons und Glückskästchen direkt bei der Künstlerin Anke Hartmann in Leipzig. In Ausnahmefällen können sie auch über mich bestellt werden. (s.u.) In meiner Praxis habe ich bisher mit Postern von Anke gearbeitet. Allerdings können die Buttons und Kästchen mitgenommen werden, was ich als vorteilhaft empfinde.

Das jeweilige Lieblingsmotiv des Kindes in der Therapie zur Auswahl stellen. (Identifikation)

**Glücksbuttons von Anke Hartmann als (mögliche)
therapeutische Materialien**

Glückskästchen Hinweis: In der therapeutischen Arbeit kann auch mit „Postern", mit „Glücksbuttons" oder „Glücksschächtelchen" gearbeitet werden. Diese können zu äußeren – und inneren Begleiter der Kinder werden. Postkarten oder Poster sind auch möglich.

Postkarten und Poster von Anke Hartmann

Bonus Geschichte Band 3 Matruschka

Am Ende Ihres Lebens war Matruschka mit Mia zusammen, was ein sehr schönes Ende war. Die Mitte von Matruschkas Leben war durchwachsen, mal so und einmal so, doch der Beginn, der Beginn war mindestens so schön wie das Ende. Matruschka lebte auf einem großen Gut, eine Art riesiger Bauernhof mit einem großen Gutshaus. Es war ein wirklich feines Haus aus den besten Ziegelsteinen die weit und breit zu finden gewesen waren. Der Boden der guten Stube und das Eingangstor waren aus italienischen Marmor; Palmen standen rechts und links neben der Tür und Teppiche aus Persien dämpften in den Schlafräumen die Schritte. In den Räumen der Angestellten ging es weniger vornehm zu, doch das hatte nichts zu sagen denn Matruschka war hier wie dort überall beliebt. Die Älteren, etwas einsamen Herrschaften, bei denen sie von einer Bäuerin auf Wunsch der alten Dame abge-geben worden waren, hatten ihre große Freude mit der kleinen Katze; sie war so etwas wie ein Ersatzkind geworden, da Kinder und Enkel weit entfernt und verstreut auf der Welt lebten. Es fehlte Matruschka an nichts. Sie durfte ihre Krallen sogar an den Teppichen aus Persien wetzen und die

Palmen mit ihren Pfötchen zerzausen. Ihr Fressen bekam sie aus feinen Schälchen, und abends durfte sie auf weichen Seidenkissen sitzen, während die Dame sie ununterbrochen bürstete oder streichelte und Matruschka daher unentwegt schnurrte. Nachts durfte sie es sich sogar am Fußende des Bettes gemütlich machen. Kurzum- es gab nichts, das ihr gefehlt hätte.

Tagsüber inspizierte sie die Schafs,- Pferde- und Kuhställe: Die Angestellten spielten mit ihr, die großen Bäume im Garten luden zum Klettern ein, und so konnte man sagen, dass es auf dem ganzen Hof niemanden gab, der beliebter gewesen wäre als Matruschka. Und, wie ich vermute, gab es auch niemanden, der so glücklich gewesen war wie sie, was ja immerhin leicht zu verstehen ist. Umso schwerer war dann das zu ertragen, was zwar nicht aus heiterem Himmel (dunkle Wolken hatten das Unwetter bereits angekündigt), jedoch aus dem Himmel kam, und in nur einer Nacht Matruschkas Welt zerstörte. Der Blitz, ich weiß selbst wie unwahrscheinlich dies ist, und niemand kann sich die Gründe bis heute erklären, schlug auf dem Gut gleich mehrfach ein. Die Blitze entfachten einen Brand, der sich so schnell ausbreitete, dass, außer Matruschka, niemand und nichts mehr zu retten war. Die Zeitungen berichteten noch Wochen danach über dieses so fürchterliche Unglück. Matruschka, die in den Wald geflohen war, bekam davon freilich nichts mit. Vorbei waren die schönen Tage. Als sie gefunden und zu einer anderen Familie gebracht wurde, waren es nicht die persischen Teppiche, die seidigen Kissen oder die Porzellanschälchen, die ihr fehlten. Etwas ganz anderes fehlte ihr. Etwas, das ihr den Appetit nahm, so dass aus der recht rundlichen Matruschka ein klapperdürres und unglückliches Kätzchen wurde. Fast hätte sie sich selbst schon daran gewöhnt, doch das war, bevor Mia in ihr Leben trat. Das Leben hat zuweilen furchtbare Überraschungen für uns auf Lager, zuweilen dann auch wieder die unerwarteten, die wertvollen Begegnungen. Ich selbst verstehe das Leben auch nicht besser als ihr, wie könnte ich auch, wo ich doch selbst schon so oft von ihm überrascht wurde- im Guten wie im Schlechten. Doch eines weiß ich bestimmt. Mit einem Freund an Deiner Seite, oder mit einer Freundin, lässt sich in diesem Leben fast alles ertragen. Das wussten auch Mia und Matruschka. Sie wussten es ganz bestimmt. Ich versichere Euch, dass ich es den beiden angesehen habe. Matruschka träumte selbst noch Jahre nach dem Feuer von

Rauchschwaden und berstendem Holz, von grau-
schmutzigen Marmorplatten, die als einzige Zeugen
der alten Zeit übriggeblieben waren.
Von dem, was einst ihr Paradies gewesen war.

Wann immer sie so unruhig schlief, konnte sie
jedoch sicher sein, dass sie jemand ganz vorsichtig
zu sich heranziehen würde, um ihr, ohne etwas zu
sagen, den Kopf zu streicheln.

BONUS-Hintergrund-Geschichte, Lukas'Großvater
Impulsgeschichte zu Band 1 zum Thema Resilienz:

Diese Geschichte stammt von Lukas'Großvater.
Er lernte ihn nie persönlich kennen, doch seine Geschichte wurde überliefert.

Nun wisst Ihr vielleicht auch, warum Lukas einen so guten Draht zu Raben hat.

Kazimir und der Ring

Die erste mutige Tat meines Lebens, abgesehen von jener überhaupt in dieses Leben getreten zu sein, bestand darin, dass ich einem Raben zu Hilfe kam, der sich gerade in der unglücklichen Situation befand von einigen Nachbarskindern mit Steinen beworfen zu werden. Er flog nicht davon, was mich wunderte. Schon oft hatte ich mir Flügel, weite, mächtige Schwingen gewünscht, um in ähnlich bedrückenden Situationen ganz schnell das Weite suchen zu können.

Er hingegen dachte offenbar gar nicht daran. Vor Schreck erstarrt saß er da, untypisch für einen Vogel, und dabei bewirkte er etwas, das in mir, in

Anbetracht der Lage, jene Entschlossenheit auf-
kommen ließ, die es mir möglich machte ein-
zuschreiten.

Dem Raben durfte einfach nichts passieren!

Jeder, der mich kennt, würde schwören, dass nicht
ich es gewesen sein konnte.

Sie hätten beschworen, dass es ein anderer gewesen
sein müsste der sich, mit einem großen Ast
bewaffnet, schreiend auf die Meute der Nachbarskinder gestürzt hätte. Doch war ich es, niemand
sonst. Ich, mit heiligem Zorn, und somit tatsächlich
in der Lage den Mob zu vertreiben. Niemand hätte
mir das wohl zugetraut, am wenigsten ich mir
selbst. Doch für ihn war es nötig gewesen. Noch
immer hatte er sich nicht wegbewegt, der Rabe,
doch sah er mich nun mit unverhohlener Neugier
an, wobei er seinen Körper etwas zur Seite bewegte.

Ich näherte mich ihm langsam und sprach leise auf
ihn ein, er legte den Kopf auf die Seite und hörte
mir offenbar zu.

Den genauen Wortlaut vermag ich nach so vielen
Jahren nicht wiederzugeben, doch werden es im

Wesentlichen Worte der Beruhigung, versehen mit dem Hinweis, gewesen sein, dass die Gefahr durch die Nachbarskinder nun vorbei sei.

Als mir die Wiederholung der guten Kunde mit der Zeit selbst ein wenig langatmig zu werden schien, entschloss ich mich dazu dem Raben einen Namen zu geben. Kazimir sollte er von jetzt an heißen und, obwohl man sich ja rückblickend der Dinge nicht immer allzu sicher sein kann, so erscheint es mir doch so, als sei eben dieser Moment der Beginn unserer scheuen Freundschaft geworden. Ob es an ihm lag oder an uns beiden, kann ich nicht mit Sicherheit aufklären. Ich vermute, dass wir, offenbar wesensverwandt, wohl beide etwas scheu waren. Dennoch folgte mir Kazimir seit jenem Tag.

Er wartete auf dem Baum vor dem Schulhof auf mich; während der manchmal endlos wirkenden Vormittage, half er mir über manch lange Stunde bei Herrn Schaal hinweg. Die Schule war neu für mich, das lange Sitzen quälte mich. Manchmal begleitete mich Kazimir nach Hause und legte zuweilen auch größere Strecken zurück. So tauchte er einige Male unvermittelt im Rosental und im

Auenwald auf. Zweimal sah ich ihn auf einem Dach in der Nähe des Hauptbahnhofs und mindestens achtmal saß er für mehrere Stunden auf dem Bach-Denkmal, während in der Thomaskirche ein Konzert gegeben wurde.

Er erkannte mich aus der Menge der Menschen, so wie ich ihn aus der Menge der Raben heraus immer wieder fand. Am häufigsten saß Kazimir, es ist mir nicht mehr möglich zu schätzen wie oft dies geschah, auf dem Baum unmittelbar vor dem Balkon unseres Hauses. Ich saß dort oft, um ihn zu beobachten. Hier, in der Sonne, machte mir das Sitzen nichts aus. Über mir breitete sich der Himmel so weit und blau aus, dass mir der Gedanke an die Schule, die bald wieder beginnen würde, fast unwirklich erschien. Ebenso wenig begriff ich in jenen Momenten, dass Krieg war. Wir lebten im Krieg, und man wurde so oft daran erinnert, dass ich über jeden Moment froh und erleichtert war, in welchem ich den Krieg vergessen und Kazimir ein bisschen beim Fliegen oder beim Sitzen in meiner Nähe beobachten konnte. Ein einziges Mal, im Spätsommer vor meinem siebten Geburtstag, zwei

Tage vor der Einschulung in die zweite Klasse, kam er ganz plötzlich laut flatternd auf die Brüstung geflogen, plusterte sich kurz auf und ließ dann etwas aus seinem Schnabel in meinen Schoß fallen. Es war ein Ring. Kein teurer Ring, eindeutig aus Messing, den ein kleiner, hellblauer Stein zierte. Nie wieder später kam Kazimir jemals wieder so nahe zu mir. Nach dem Ereignis mit dem Ring träumte ich davon, dass sich Kazimir auf meine Schulter setzen, und ich so mit ihm durch die Innenstadt würde laufen können. Doch dies blieb immer ein Traum. Manches ereignet sich nicht so wie wir es uns zurechtdenken.

In die Schule kehrte ich in jenem Herbst nicht lange zurück. Ich hatte die Enge des Schulhauses gefürchtet, die Länge der Vormittage, stattdessen sollte es mich nun weitaus härter treffen. Ich landete im Kinderkrankenhaus, genauer gesagt in einer Scharlachbaracke. Man nahm mir Kazimirs Ring ab, ich durfte ihn nicht tragen aus Gründen der Hygiene, wie man mir sagte.

Doch dachte ich, besonders in dieser Zeit, an die hellblaue Farbe des Steins, der das Blau eines ungetrübten Sommerhimmels in sich trug. Diese Gedanken halfen mir mehr als es mir möglich sein wird es in Worte zu fassen.

Als ich nämlich in der Scharlachbaracke war, schien sich die Welt gegen mich verschworen zu haben. Vom Scharlach und vom vorübergehenden Verlust meines Ringes abgesehen.

Das begann mit der Krankenschwester, die Kinder offenbar hasste. Sie trug einen blonden Dutt und zog das rechte Bein ein klein wenig nach.

Noch heute frage ich mich, warum so ein Mensch den Beruf wählt, in dem er mit Kindern zu tun hat, mit hilflosen und leidenden Kindern dazu. Mittlerweile habe ich hierzu zwar mehrere Theorien, doch selbst diese stehen auf wackligen Beinen. Dann musste ich, obgleich ich immerhin bereits sieben Jahre alt war, in einem Gitter-bettchen liegen, so wie die anderen Kinder aus der Scharlachbaracke auch. Es war wohl irgendwie praktischer, doch für mich stellte es eine schwere Schande dar. Zu dem Scharlach litt ich unter einer Nierenentzündung, einer Herzentzündung und einer Mittelohrvereiterung. Noch vor kurzem war ich völlig gesund gewesen, doch im Krieg breitet sich nicht nur der Hass schnell aus; auch Hunger, Not und Krankheiten kommen im Krieg buchstäblich zuweilen über Nacht.

Wenn wir nun schon einmal bei der Nacht sind, komme ich nicht umhin von unseren nächtlichen Reisen zu berichten.

Unerfreulichen und beängstigenden Reisen, die mehr an wiederkehrende Alpträume erinnerten.

Nachts wurden alle Kinder in den Luftschutzkeller gebracht. Ich hatte große Angst zu sterben, doch weinte ich nicht. Vielmehr versuchte ich mutig zu sein; dachte an Kazimir, an das Blau des Ringes, an meine Eltern. Hinter einer Glasscheibe konnte ich nämlich tagsüber immerhin meine Eltern sehen. Meine Mutter tippte zuweilen nachdenklich mit ihrem Zeigefinger gegen die Scheibe, als wollte sie einen gefangenen Vogel auf sich aufmerksam machen. Und das war ich. Kazimirs gefangener Bruder, seiner Freiheit und seines Ringes beraubt. Doch eines Tages, vielleicht um Luft hereinzulassen, hatte ein Arzt das Fenster hinter der tristen Wand geöffnet, vor der meine Eltern standen, wenn sie mich sehen durften. Nun sah ich nach draußen, sah einen Baum, ein Stück des Himmels. Wolkenbehangen war er, trist und trüb, und doch blitzte ein kleines bisschen Blau zwischen den Wolken hervor. Nicht mehr als ein Streiflein, doch genug, um mich zu trösten. Und dann entdeckte ich noch etwas, besser gesagt - jemanden. Ich weiß nicht, ob ich verständlich machen kann was es für mich bedeutete, als ich erkannte wer es war, welcher Gast mir bis hin zur Scharlachbaracke gefolgt war. Kazimir! Später, als ich ausgerechnet der zweifelhaften Krankenschwester davon erzählte, wohl weil ich insgesamt zu geschwächt war, um noch sinnvolle Entscheidungen zu treffen, behauptete diese, es würde im Gang gar kein Fenster geben, und Kazimir sei ein Produkt meines Fiebers. Ich glaubte ihr nicht. Unwillkürlich berührte ich den Finger, an dem ich seinen Ring getragen hatte, und ich freute mich auf den Tag, an dem ich ihn wieder tragen würde, an dem ich endlich aus der Scharlachbaracke entlassen worden wäre, an dem ich wieder bei meinen Eltern wäre, an dem wieder Frieden sein würde und an dem Kazimir in meiner Nähe sein würde.

Auf einem Baum, einem Mast, vor meinem Balkon, im Rosental, im Auenwald oder auf dem Bachdenkmal in der Nähe der Thomaskirche.

12 Jahre begleitete er mich, wurde Zeuge weiterer mutiger und weniger mutiger Taten, wurde Zeuge meines Lebens.

Ohne ihn hätte mir etwas Wesentliches gefehlt.

Ich konnte ihn nicht begraben, da ich, obgleich ich spürte, dass er tot war, ihn nie gefunden habe. Andererseits braucht man einen Raben, wie Kazimir, vielleicht gar nicht zu begraben.

Wenn ich an ihn denke, sehe ich nämlich kein Grab.

Ich sehe das Blau eines ungetrübten Sommerhimmels, sehe es heller, leuchtender werden und weiter. Er ist jetzt an einem guten Ort.

Niemand wird ihn dort, wo er nun ist, mit Steinen bewerfen.

Nichts wird seinen Flug behindern, noch sein Glück trüben.

Seinen Ring trage ich immer bei mir.

Was können wir von den Erlebnissen älterer Menschen lernen? Was könnte diese Geschichte für Dein Leben bedeuten?

BONUS-Geschichte zu Band 2:

Mias Schneemann

Kann ein Schneemann etwas empfinden?

Ich erzähle Euch ein Geheimnis. Solange er im Werden ist, also noch nicht viel mehr ist als drei Kugeln Schnee aufeinandergetürmt, ist er noch Teil von etwas, das zwar empfinden kann, doch in keiner Weise ist dies mit etwas zu vergleichen was an das erinnert, was wir selbst als Menschen eine Empfindung nennen würden.

Aber nur, weil wir Menschen das sonst anders nicht verstehen können, soll dies nicht bedeuten, dass ein Schneemann nicht bereits ab der ersten Schnee-flocke etwas empfinden könnte.

Es geht nur darum einem Menschen begreifbar zu machen, wie sich das bei einem Schneemann ab einem bestimmten Stadium anfühlt.

Fragt mich nicht woher ich das weiß, denn ich habe versprochen nichts zu verraten.

In dem Augenblick jedoch, in dem er Kohlenknöpfe bekommt, Kohlenaugen und einen Kohlenmund, wird dies schon anders. Bekommt er dann noch einen Schal und vor allem einen Hut, sieht die

Sache dann ganz anders aus. Spätestens jetzt ist aus dem Schneemann eine Art Mensch geworden- und mindestens so empfindlich, versteht sich.

Daher wird es Euch auch sicher nicht wundern zu erfahren, dass der Schneemann, den Mia damals vor der Sonne geschützt hatte, von einer so großen Dankbarkeit und Erleichterung erfasst wurde, dass ihm Tränen über die Wangen rollten.
Mia, die zwar viel wusste, aber eben doch nicht alles, dachte, er würde schmelzen.
Sie machte sich sofort ein Stückchen größer, um damit auch ihren Schatten zu vergrößern.
Der Schneemann stand unter ihrem persönlichen Schutz.
Sie stand dort so lange bis die Sonne fast vollständig untergegangen war, und ihre Strahlen zu schwach geworden waren, um noch eine Gefahr für den Schneemann darzustellen.

Wie gut er sich fühlte, jetzt, da er so beschützt wurde. Mia ahnte es, doch wissen konnte sie auch dies nicht. Nur eines wusste sie:

Mia wusste, dass sie sich damit zum Gespött der Schule macht. Aber ein mutiges Mädchen, wie Mia, hätte sich von so etwas niemals aufhalten lassen.

Was könnte diese Geschichte für Dein Leben bedeuten? Von was würdest Du Dich nicht aufhalten lassen?

BONUS-Hintergrund Geschichte zu: Schattenwald

Der Igel und Krahwel

Lukas erzählte die Geschichte von einem Raben und einem Igel. Um ehrlich zu sein, hatte er sie sich ausgedacht, zumindest Teile davon. Ein Stückchen hatte er sich bei Mia ausgeliehen. So genau wusste er nicht warum er Frau Kirchberger genau diese Geschichte erzählte, doch etwas in ihm war davon überzeugt, dass dies gerade das Richtige für sie war. Es ging um einen Raben und einen Igel. Der Igel, sein Name war in diesem einen Fall nicht von Bedeutung, blieb am liebsten in seinem Bau. Der Rabe, nennen wir ihn hier Krahwel, der mehr vom Leben mitbekam als man ihm ansah, sagte zum Igel:

„Wenn Du nicht endlich aus Deinem Bau kommst, wirst Du nie wissen wie es ist, wenn Dich die Blätter eines kleinen Busches am Bauch streicheln, wie die Gräser einer Wiese Dich einfach mal ganz frech kitzeln. Du musst Dich nur ein einziges Mal getrauen und Dich auf den Rücken legen. Dort bist Du zwar verwundbar, aber ich verspreche Dir Wache zu halten. Der Igel traute nicht gerade jedem über den Weg. Doch nach allem, was er im Wald bereits über Krahwel gehört hatte, traute er sich. Tatsächlich wurde alles so wie Krahwel das versprochen hatte. Die Blätter strichen über seinen Bauch, ebenso das Gras, wenn der Wind es nach links und nach rechts bog. Krahwel wachte über ihn. Zunächst musste sich Krahwel immer wieder selbst sagen, dass von ihm keine Gefahr ausgehen konnte, weil sein Ruf im Wald ein Guter war. Doch schließlich war selbst das gar nicht mehr vonnöten. Er spürte es in seinem Bauch.

Der Igel spürte, dass er dem Raben Krahwel vollkommen vertrauen konnte. Er freute sich darüber, denn nun wusste er wie es war, wenn die Blätter eines kleinen Busches einen am Bauch streicheln, wie die Gräser einer Wiese einen einfach mal ganz frech kitzeln.

BONUS-Hintergrund-Geschichte Regina und Anton (Impulsgeschichte1) Buch 3

Reginas Vater war jemand, der niemals einen Fehler zugeben würde. Auch konnte er es nicht ertragen, dass irgendjemand besser, klüger, sportlicher oder vor allem reicher war als er.

In der Zeit, als Regina mehrmals besonders gute Noten mit nachhause gebracht hatte, war niemand beleidigter gewesen als eben dieser Vater. Kai konnte sich nur wundern.

Sein Vater wäre mehr als froh gewesen, wenn er einmal wenigstens so einigermaßen gute Noten mit nachhause gebracht hätte. Reginas Vater hingegen ertrug keine Konkurrenz, weder von seiner Tochter noch von seiner Frau - und schon gar nicht von seiner Schwester Monika. Diese hatte es einmal gewagt Regina als kluges, hübsches Mädchen zu bezeichnen. Was sie mit der harmlosen, freundlich gemeinten Bemerkung angerichtet hatte, wurde ihr erst später bewusst. Für eine Weile durften sie und Regina sich nicht einmal mehr sehen.

Kai konnte über so etwas nur den Kopf schütteln. Anton wiederum kannte ein solches Verhalten von seinem Vater. Sein Vater ruinierte einfach alles, das

Anton wichtig war, ob absichtlich oder nicht, war niemandem so richtig klar. An Antons letztem Geburtstag, als die Polizei ins Haus kommen musste, um Antons Vater abzuholen, war es auch so gewesen. Anton hatte sich klein gemacht hinter dem Tisch mit den Geschenken, die alle er zuvor selbst verpackt hatte. Es waren überwiegend Dinge aus dem Haushalt gewesen, nur eine Sache hatte er sich immerhin selbst gekauft. Damit aber der Geburtstagstisch nicht ganz so deprimierend ausfiel, hatte Anton alles Mögliche eingepackt, so als wären es tatsächlich Geschenke. In Wahrheit hatte Anton von seinem Vater noch nie etwas geschenkt bekommen- zumindest konnte er sich nicht daran erinnern. Aber mit dem bunten Geschenkpapier sah alles so aus als hätte jemand an ihn gedacht, als hätte ihm jemand eine Freude machen wollen. Als dann der randalierende Vater, alarmiert von den Nachbarn, endlich zum Ausnüchtern von der Polizei abgeholt worden war, und Anton zusammen mit einer blassen Sozialarbeiterin hinter dem nun unheimlich gewordenen Berg aus vermeintlichen Geschenken saß, da kam ihm alles sinnlos vor. Die große Mühe, die er sich gemacht hatte, um allem einen Anschein von Normalität zu verleihen- es war ganz und gar umsonst gewesen.

Hast Du mit solchen Menschen und Verhaltensweisen auch schon Erfahrung gemacht? Kannst Du Dich dagegen zur Wehr setzen? Falls ja: Wie?

Bonus-Geschichte, Band 4 Laura

Gern hätte ich gesagt, dass Rocky der Waschbär (an anderer Stelle wurde schon von ihm berichtet), Laura, Mias Schwester, noch vor seiner Reise aus Amerika weg begegnet wäre.

Um ehrlich zu sein, war dies aber nicht der Fall, denn, obwohl es in dieser Welt immer wieder die verblüffendsten Zufälle gibt, so war es in diesem Fall leider nicht so, so sehr ich mir es auch gewünscht hätte.

In dem Fall hätte Mia vielleicht erfahren wie sehr sie Laura fehlte, und dass Laura noch alles von ihr wusste.

Alles, was sie je gesagt hatte, welche Bücher sie mochte, und wovor sie Angst gehabt hatte.

Mia selbst war überzeugt davon gewesen, dass bei ihrer Schwester Laura in dem Augenblick, in dem sie mit Papa zusammen nach Amerika gegangen war, alles aus dem Gedächtnis der Schwester gelöscht worden war das auch nur noch entfernt an Mia erinnerte.

Schlimmer noch: Mia war davon überzeugt, dass Laura sie durch neue Geschwister ersetzt hatte, durch die Kinder von Papas neuer Frau. Hätte

Rocky damals also Lauras Weg gekreuzt, bevor er dann schließlich Mia begegnet ist, wer weiß, vielleicht wäre Mia dann viel von dem erspart worden, was sie Tag für Tag in sich trug.

Zu wissen wie wichtig man einem Menschen ist, selbst wenn man ihn aus den Augen verloren hat, ist etwas, was niemals in diesem Leben hoch genug eingeschätzt werden kann.

Hast Du diese Erfahrung auch schon gemacht (Freundschaft)?

Die richtigen Dinge

Einmal als Lukas mit Kai am Katzenfelsen saß- der Katzenfelsen hatte es so an sich, dass man das ein oder andere Geheimnis preisgab, erzählte ihm Kai davon wie es gewesen war eine Zeit lang mit den abgetragenen Kleidern seines Cousins herumzulaufen, und auch davon, dass sein Vater für eine gewisse Zeit das Essen für sich und Kai bei einer Tafel für Arme abgeholt habe. Das war die Zeit nach dem Zusammenbruch seiner Mutter gewesen, in dessen Folge auch sein Vater erst einmal für ein paar Monate nichts mehr tun konnte als dazusitzen, eigentlich so, wie Lukas das von seiner Mutter gekannt hatte - direkt nach dem Unfall.

Im Gegensatz zu seiner Mutter hätte Kais Vater aber beinahe seine Arbeitsstelle verloren. Kai wusste nicht wie und warum, doch irgendwann war sein Vater einfach wieder aufgestanden (wobei es vermutlich nicht einfach war), holte sich seine Arbeit zurück und wurde wieder zu dem Vater, den Kai vor dem Zusammenbruch und dem Fortgehen seiner Mutter gekannt hatte. Doch von dieser Zeit an hatte Kai diese ständige Angst vor Armut. Dieses Gefühl hatte sich in ihm festgesetzt, ebenso wie die

Furcht davor, dass andere über ihn lachen könnten. Was er nicht wusste war, dass er in seiner Schule bei weitem nicht der Einzige war, dessen Familie wenig Geld hatte. Er wusste auch nicht, dass dies keine Schande ist. Dafür war er zu jung. Er wollte einfach dazugehören und so sein wie alle. Zumindest so wie er dachte, dass alle seien. Auch wenn das jetzt vielleicht etwas kompliziert klingen mag; ich finde, dass man das verstehen kann- in mehr als einer Hinsicht. Räuber saß bei dieser Beichte daneben. "Hätte ich Dich doch damals schon gekannt," seufzte Kai. "Dir sind solche Dinge immer egal gewesen!". Räuber wedelte mit dem Schwanz und rannte ein Stückchen um den Felsen herum. Lukas dachte an sich selbst. Daran, wie auch Luna, die Eule, ihm damals geholfen hatte, nachdem er aus dem Krankenhaus entlassen worden war. Niemandem als ihr hatte er damals anvertrauen können, wie sehr er sich selbst dafür verantwortlich machte, wie sehr Mama und Oma wegen ihm und seiner Krankheit gelitten hatten. Noch nicht einmal Mia wusste davon. Und selbst wenn der Katzenfelsen in der Regel dafür geeignet war einem das ein oder andere Geheimnis zu entlocken.

Nicht einmal Kai mochte er davon erzählen. Nur Luna. Von ihr hatte er damals geträumt. Von ihr und Gerda und dem großen Zauberer Euklesophos. Im Traum hatte Euklesophos selbst ihn versichert, dass ihn keinerlei Schuld träfe. In den vielen Wochen danach war es immer nur Luna gewesen, bei der er sich verstanden fühlte, obgleich sie nie etwas gesagt hatte. Es reichte, dass er da war.

Ein wenig ging es ihm auch so wenn Kieran oder Stachel bei ihm waren, am besten hatte aber Luna es vermocht diese Gefühle zu zerstreuen. Während Lukas noch nachdachte, war Räuber wieder zu ihnen zurückgekehrt und lies sich von Kai streicheln. Er wirkte mehr als zufrieden.

Ja, Kai hatte Recht. Räuber legte keinen Wert auf die verkehrten Dinge.

Was sind Deine „richtigen" Dinge? Was ist „Vertrauen" für Dich? (siehe dazu auch die Geschichte oben mit dem Igel und dem Raben)

Ich schenke Dir eine Geschichte

In meiner Praxis hatte ich, dies ist auch an anderen Stellen, in denen ich über meine Arbeit berichte, vermerkt, meinen Patientinnen und Patienten eine ihnen gewidmete Geschichte geschrieben und ihnen diese geschenkt. Mit dem Geschenk kam zugleich die unbedingte Wertschätzung ihrer Person zum Ausdruck, welche für mich ein elementarer Teil meiner therapeutischen Arbeit ist. Durch Inhalt und Art meines jeweiligen Schreibens soll dabei hervorgehen, wie sehr ich die jeweilige Person in ihrem So-Sein würdige. (siehe dazu auch die Haltung der Achtsamkeit). Auf diese Weise entstanden die ersten Geschichten; später wurde die 4-bändige „Lukas" Reihe (Mit Zusatzbänden) und einige Auskoppelungen aus dieser Erzählungsreihe daraus. Später habe ich diese in der Buchhandlung erschienene Reihe zum Beispiel der Kinder-Hospiz-Bewegung in Deutschland, Österreich und der Schweiz, sowie unterschiedlichen Kinder-Rehabilitationseinrichtungen und mehreren Kinder-Not-Organisationen zu bestimmten Anlässen geschenkt. Das Schenken ist hierbei eine besondere Form der Wertschätzung. Etwas Bedingungsloses, welches den Regeln der heutigen Gesellschaft insofern diametral entgegenläuft, als dass ein Verschenken von Zeit, von Gütern, von Knowhow hier in der Regel nicht üblich ist, da alles „verdient" werden muss. Daher stellt das persönliche Anfertigen und das Verschenken einer Geschichte einen genuin therapeutischen Akt dar, welcher der / die anderen in ihrem unbedingten Wert bestätigt.

Leseprobe Euklesophos

Euklesophos war ein ganz besonderer Zauber. So ist er seit alter Zeit, bis heute, der einzige Zauberer, dem es tatsächlich gelungen war zwischen den Welten zu wandern. Da es Menschen nicht gestattet war, von der Einen Welt zu der Anderen zu wandern, bediente sich Euklesophos einer List.

Er hatte die Gestalt einer Eule angenommen und war aus der Welt der Lebenden in die Welt der Seelen geflogen. Was er dort sah hatte ihn in großes Erstaunen versetzt. „Hätte ich das vorher gewusst", so soll er gesagt haben, „so hätte ich keine Sekunde Angst vor dem, was man „Tod" nennt, gehabt."

So gut gefiel es Euklesophos in der Welt der Seelen, von denen er viele seiner Freunde und Verwandten wiedererkannte, dass es ihm überaus schwerfiel, wieder in die Welt der Lebenden zurückzukehren.
Der fast unendlich scheinende, lange Weg zurück war zudem weitaus beschwerlicher, als es der Weg dorthin jemals sein konnte. Doch er tat es dennoch, um den Menschen die Angst vor dem Tod zu nehmen. Er erzählte ihnen von den bunten Gärten, die direkt vor dem Land der Seelen und hinter dem

sanft schimmernden Land der Schneekönigin lagen, und in denen Vögel lebten in Farben, die man nie zuvor gesehen habe. Von der so wunderbaren, hellen Wärme in diesen Gärten erzählte er, und wie sie in das Land der Seelen mündeten. „Sobald man nur diese Gärten dort gesehen hat", versicherte Euklesophos, „versteht man all das, was man auf Erden nicht verstehen konnte, erst hier setzt sich das ganze Bild zusammen und ergibt einen Sinn."

Dann sagte er noch, dass das Leben ein rätselhafter Traum sei, und dass alles, aber auch wirklich alles, miteinander zu tun habe. Verstehen würde man das, sobald man die Gärten gesehen habe.

Viele glaubten ihm nicht. Zugegeben: Es klang auch recht unwahrscheinlich, dass sich ein Mensch, selbst wenn er ein Zauberer war, in eine Eule verwandeln und dann auch noch den Weg zu der Welt der Seelen hin und wieder zurückgelegt haben sollte, nur um den Menschen die Angst vor der anderen Welt zu nehmen. Euklesophos war darüber so traurig geworden, dass er die Gestalt der Eule wieder angenommen und sich in den Wald geflüchtet hatte. Dort erzählte er den Tieren vom Land der Seelen. Die Tiere, denen Trauer nicht fremd war, glaubten Euklesophos, denn sie spürten, dass er die Wahrheit sprach. Jedoch gefiel ihnen nicht, dass der Zauberer eine so große Sehnsucht nach dem Land der Seelen hatte, in dem alles so viel schöner, so viel friedlicher und farbenvoller sein sollte als hier auf der Erde. „Euklesophos", sprach der Rabe Korax, welcher der Klügste und Älteste unter den Raben des Waldes war: „Es ist schön, dass wir alle keine Angst vor dem Land der Seelen haben müssen.

Doch sollte uns dieses Wissen nicht beruhigen und dafür sorgen, dass wir auch das Leben hier leben sollten, so traurig - aber auch so schön, wie es ist?"

Euklesophos, der weise war und daher immer genau zuhörte, nahm sich die Worte des Raben zu Herzen. Und der Rabe Korax gab ihm, damit er seine Worte nicht mehr vergessen sollte, eine seiner Federn.

Euklesophos lebte noch viele Jahre im Wald und auf den Lichtungen, und man erzählte sich, dass er das Leben, auch in dieser Welt, außerordentlich genossen haben soll. Ein Baum im Wald mit seinem eingeschnitzten Bildnis zeugt noch heute von Euklesophos. Lukas hatte begonnen die Geschichte von Euklesophos, die ihm Mama erzählt hatte, aufzuschreiben und zu zeichnen. Sie gefiel ihm. „Ich hätte Euklesophos echt sofort geglaubt", dachte er sich häufig. Und er mochte den Gedanken, dass auch Euklesophos eine Rabenfeder besessen hatte.

Denn auch er trug Kierans´ Feder immer bei sich. Sobald er sich irgendwie ängstlich fühlte, oder traurig, berührte er den weichen Flaum, tastete sich am starken Kiel der Feder herab und fühlte sich sicherer. Sicherer und weniger allein.

Er dachte an die vielen farbigen Vögel in den wunderbaren Gärten und er fragte sich, wie sich ihre Federn wohl anfühlten.